安徽师范大学汉语言文学国家级特色专业建设阶段性成果

地方高水平大学汉语言文学重点建设专业项目阶段性成果

省级质量工程卓越语文教师培养计划阶项目段性成果

安徽师范大学卓越文科人才培养计划项目阶段性成果

安徽师范大学文学创作人才协同培养实验区项目阶段性成果

文苑初鸣集

（第一辑）

王昊 主编

安徽师范大学出版社
·芜湖·

责任编辑：胡志恒　刘　佳
装帧设计：桑国磊
责任印制：郭行洲

图书在版编目（CIP）数据

文苑初鸣集．第一辑/王昊主编．—芜湖：安徽师范大学出版社，2014.10
ISBN 978－7－5676－1593－9
Ⅰ．①文…　Ⅱ．①王…　Ⅲ．①中国文学—当代文学—作品综合集　Ⅳ．①I217.1

中国版本图书馆 CIP 数据核字（2014）第 233158 号

文苑初鸣集．第一辑

王　昊　主编

出版发行：安徽师范大学出版社
芜湖市九华南路 189 号安徽师范大学花津校区　　邮政编码：241002
网　　址：http://www.ahnupress.com/
发 行 部：0553－3883578 5910327 5910310（传真）E－mail：asdcbsfxb@126.com
印　　刷：安徽芜湖新华印务有限责任公司
版　　次：2014 年 10 月第 1 版
印　　次：2014 年 10 月第 1 次印刷
规　　格：700×1000　1/16
印　　张：16.25
字　　数：220 千
书　　号：ISBN 978－7－5676－1593－9
定　　价：35.00 元

前言

安徽师范大学文学院的前身是1928年建立的省立安徽大学中国文学系，是安徽省高校办学历史最悠久的四个院系之一，在全国有较大影响。刘文典、郁达夫、苏雪林、周予同、潘重规、宛敏灏、张涤华、祖保泉、刘学锴等一批著名学者曾在中文系工作，形成了深厚的学科积淀、优良的育人传统。在八十六年的办学历程中，文学院培养出大批杰出人才，如享誉学界的朱良志、邓小军、周啸天、胡晓明、李向农等杰出学者，活跃在文坛的许春樵、罗巴、凤群、邢思洁等优秀作家，坚持在基础教育一线的邓彤、郭惠宇、王屹宇、肖家芸、王晓平等卓越教师，驰骋在商界的王大明、徐高潮、余伯诚等成功企业家，在国内有广泛影响的还有刘春、吴征、赵焰等媒体精英，如央视百家讲坛著名主讲人鲍鹏山。

20世纪90年代以来，中国高等教育发展迅猛，由精英教育驶入大众化教育的快车道，呈现出新的时代特点和精神风貌。面对生源结构、师资队伍、社会环境、学习动力等方面发生的变化，一个非常严峻的命题摆在高等教育工作者面前：如何与时俱进，积极回应，在新的教育背景下，提高人才培养质量，提升学生的核心竞争力。围绕提高人才培养质量这一中心，文学院所有教职工群策群力，进行了一些有益的探索和尝试。就顶层设计而言，正在实施的2012版人才培养方案优化了课程设置，强化了实践教学，增设了学年论文。从具体实施来看，在第一课堂中，突出学生阅读和写作能力的培养，文学类课程彰显了文学作品的中心地位，注重培养学生的文本解读能力。强化理论教学的实践性和操作性，组织教师编写适用性、可读性强的配套辅助教材，如国家级精品资源共享课程《文学理论》的配套教材《文学评论文选》，校级精品课程《写作》的配套教材《写作文选》等，取得了良好的效果。在第二课堂中，继续举办“学海导航”，新增了“与作家面对面”“名师导教”“青春丝语”等系列讲座，固化了具有文学院特色的素质拓展活动，形成了一定的品牌效应，在师生中产生了热烈的反响，充分调动了学生学术研究、文学创作、从教技能训练等方面的积极性。在第三课堂中，围绕专业核心能力的培养加以延伸，设置非物质文化遗产调研、优秀传统文化传承推广、暑期义务支教等社会实践项目，在学校内外引起广泛关注。通过三个课堂联动，形成组合拳，大大拓宽了提升学生综合素养的渠道，获得了喜人的成绩。近年来，多名本科生推免至北京大学、清华大学、复旦大学、北京师范大学等“985”高校攻读硕士学位，到海外高校深造的学生逐年增多。

文学院现有汉语言文学、秘书学、汉语国际教育、戏剧影视文学4个本科专业，均依托于中文学科，人才培养具有诸多共性。文学院各专业学生的核心能力究竟是什么？这个问题经常萦绕在我们的脑海，挥之不去。为此，我们面向用人单位、毕业校友，做了充分、深入的调研。绝大多数受访者认为，文本解读和写作能力是文学院学生的核心能力，这与我们的想法不谋而合。以往，文学院在读学生在各种报刊、文学网站、新闻网站等媒体发表了大量的作品，有的甚至出版了著作，产生了一定的影响，成为他们考研、就业、发展的竞争优势。2012年，中国古代文学国家级教学团队出版了《充满生机的沃土新芽》，收录本科生古代文学方面的优秀论文。2013年，学校出版的《求真·寻路》，收录了我院学生2013年获得安徽师范大学本科生科研论文大赛一、二等奖的4篇作品，为本科生提高科研能力搭建了展示平台，在校内外产生了积极的反响。文学院很多学生有提升自己写作能力的强烈愿望，缺少发表作品的平台成为制约他们发展的瓶颈。这引发了我们的思考：如何把“以生为本”理念落到实处，从学院层面为学生发表作品提供一个集中展示的、稳定的舞台，进而彰显专业特色、激励学生写作、提振专业信心，为他们的迅速成长加油鼓劲。为此，在征求广大师生意见的基础上，学院党政联席会议研究决定：从2013年开始，每年举办文学院本科生原创作品大赛，经过评比、筛选，将其中的优秀作品结集出版。

首届原创作品大赛赛程公布后，学生反响热烈，踊跃投稿，组委会共收到参赛作品500多件。为了突出学院特色，比赛没有限制文体，参赛作品除了部分论文以外，还有一些小说、散文、诗歌等文学作品。我们欣喜地发现，大多数作品文从字顺、感情真实，透着生命的温度与热度，从中可以洞见当代大学生的鲜活面容，感受他们的想象与创造，体会他们的奋进与求真，理解他们的困惑与思考，触摸他们的心灵世界。学院组织相关专业教师从参赛作品中评选出了一、二、三等奖，并拨专款将优秀作品结集出版，于是有了眼前的这本文集。它凝聚了同学们的汗水与智慧，既是他们成长的真实见证，也算是学院送给他们特殊的“纪念册”吧。

如何给这本文集取个既有学院特色又不太俗气的名字呢？经过反复斟酌，我们确定将文集定名为“文苑初鸣集”。为什么用这个名字呢？先说“文苑”，“文苑”者，文院也；文院者，文学院也。在日常交流中学生均简称文学院为文院，此其一；文院与“文苑”谐音，此其二；历朝史书《文苑传》为文学人物立传，蕴含我们对学生成长为文苑英才的美好祝福，此其三。初鸣者，初次鸣叫也。对很多同学而言，这是他们发表在纸媒上的处女作，是名副其实的初鸣。另外，此处含有我们盼其“不鸣则已，一鸣惊人”的寓意。当然，若以更高的标准要求，收入文集的作品还比较“萌”，如思想比较稚嫩，文字不够练达等。然而，这是学生真实的声音，也是他们朝着梦想出发的起点。

我们相信，随着原创作品大赛的长期举办，以后收入文集的作品质量会逐步提升，对学生专业核心能力的培养一定会产生极大的促进作用。不过，理想很丰满，现实很骨感。或许这只是一厢情愿的美好愿景，我们也是摸着石头过河，现在是摸到了石头，至于能不能过得了河，还要等待时间的检验。心若在，梦就在，我们还是期待着美丽的教育梦实现的那一天，期待着“钱学森之问”破解的那一天。但愿到那时，我们可以问心无愧，因为我们曾经尝试过，曾经努力过。

安徽师范大学文学院　王　昊

二〇一四年六月二十日

目　录

诗　歌

论　文

附　录

文苑初鸣集

小说

江城夜七章

刘凯鹏

2012 级　汉语言文学

楔　子

“什么？你说什么！”52 岁的英国收藏家瑟夫·鲁伯一头梳得服服帖帖的银灰色头发几乎要崩炸开来。扬起手杖在安徽省博物馆的地板上“咚咚”连击，其力度之大，使得他的黑绒西服像蝙蝠翅膀一样地呼扇。

“我很抱歉，但我们正在查——”

“丢失了？”鲁伯根本不听馆长宋臻的解释，接近癫狂地大吼，“那是我家族传了四代的中国文物珍品！你们竟然把它弄丢了？”

“亏你还知道这是中国的文物珍品。”宋臻避其锐气，暂且憋下话头，愤愤地想。就算在你家族传了四十代，还不是你们从圆明园抢的？东西丢了，你急，我一个堂堂的中国人难道不急？你倒在这里对着我大呼小叫。

他单手撑着并不宽阔的办公桌，半垂眼睑，耐心等待对方平静下来。二十多年工作生涯的锤炼打磨，早让他拥有了极好的绅士素养。更何况面对的是他多年的老友。

丢失的物品是北魏孝文帝手书的《佛说轮王七宝经》帛书真迹，原藏圆明园。史载孝文帝拓跋宏一生推崇汉文化，尤其精熟道家学说与佛法要旨。1860 年英法联军侵入圆明园，该宝物自此下落不明。四个月前，安徽省博物馆接到来自格林尼治的电话，商洽四月末至五月初英国著名收藏家鲁伯的藏品的展出事宜。在传真来的展品清单中，“书法《佛说轮王七宝经》：北魏孝文帝拓跋宏”这一条，当场令宋臻惊讶得下巴在空气中摇曳。与鲁伯交往这么多年，他从来不知道鲁伯还有这等珍藏。

展览进行得十分顺利。而展览结束的当晚，《佛说轮王七宝经》却失踪了。

独独只有它失踪了。

“你们竟然还没有报警?”鲁伯又一次炸毛了。

“是的，没有。”宋馆长冷静地看着风度尽失的鲁伯。

“因为我们接到了盗窃者的电话。”

一

打字机继续推向/接近事实的那下一行

石楠烟斗的雾/飘向枯萎的树/沉默地对我哭诉

“游戏?”

“是的。他要和我们玩这个寻宝游戏。”宋臻面色凝重，因为他看到鲁伯的面色居然不那么凝重了。

“怎么? 想和我玩寻宝游戏么?”鲁伯渐渐嗤出笑来，“我倒真想会会他。”

“那么，正好，他的电话一直等着你呢。”

“——他的电话?”

馆长办公室，鲁伯端正地坐进皮制旋椅，接起转接进来的电话。

“你的目的是什么?”

“你知道这是我家族传下四代——”

“我——”

“但是……”

“呃，这……呃……”

鲁伯渐渐塌进松软的椅垫，仿佛陷入深思。

宋臻投去探询的目光，鲁伯微微闭了闭眼，轻轻点点头，示意没有大碍。

长久的沉默。

鲁伯举起干瘦的手，颤颤地、缓慢而用力地向后捋着银白的密发，望着电话拨号盘出神。

“好吧，你说得对……但是，它，它现在在哪？”

“我必须先知道它是否安全！——好的。”

“好吧，我愿意加入这个游戏。”

宋臻一惊。什么？加入？他疯了么？

鲁伯的脸上居然浮现了淡淡的笑，尽管显得有点疲惫。

“先生，我劝您最好别让这个游戏过于简单。”

“安徽省的芜湖市是么？我很快就到。”

“该死！为什么从这到芜湖竟然要两个小时！这里不是安徽省么？”一个多小时后，在刚刚经过巢湖站的火车上，瑟夫·鲁伯一头银发又几乎要崩炸开来。手杖“咚咚”地狠击着这辆慢得出奇的绿皮火车的地板，对着宋臻闷吼。尽管他已经压低了声音，但是抑制不住的愤怒还是令周围的乘客纷纷侧目，吃吃暗笑。

他的心急如焚并非无事生非——电话里，对方用流利而纯正的英式英语清楚地阐述了“游戏规则”：

“我把它放在了芜湖的某个著名的地方。我敢保证它的安全，不仅向您，我可以向您的上帝保证这点。因为我认为根本不会有人再找到它了——包括您，鲁伯先生。”

"鲁伯先生，我会在芜湖给您留下准确有效、周密严谨的线索。相信我，这会是一个有趣的游戏。"

"请放心，我会遵守承诺——"

"现在是凌晨3点。如果今晚的11点之前，您找到了它，那我只好认输，让您把它带走；但如果在11点前找不到，就请让中国的美丽珍宝永远留在中国吧。"

鲁伯掏出怀表：北京时间凌晨4点32分。

二

贝克街旁的圆形广场/盔甲战士臂上/鸢尾花的徽章/微亮

无人马车声响/深夜的拜访/邪恶在维多利亚的月光下血色地开场

宋臻和鲁伯灰头土脸、踉踉跄跄地从火车上下来。

"这真是我这辈子坐过的最——咳咳……"鲁伯脸上的皱纹仿佛多了一倍，咳嗽不止，"我开眼界了。"

宋臻只是觉得车太闷，车速什么的他倒早已习惯了——作为安徽省博物馆的馆长，光是在这迄今四年多的任期里，他也坐火车来过芜湖十几次了。从合肥出发，哪次不是要用两个多小时？他抹开袖沿，将手表上的时间与车站大屏幕的校对了一下——5点47分。宋臻扭头向鲁伯："他说会给我们线索？怎么给？"

鲁伯喉咙里咕噜着："我怎么知道，也许……"他的后半句话被车站声响巨大而粗哑的广播声盖住了。

"乘坐K485次列车的旅客宋臻和琴天·鲁伯两位先生请注意——"宋臻看了一眼不懂汉语的鲁伯，决定还是不将这个不敬业的播音员读错他的名字的事跟他说了。"——您有物品正在火车站服务台寄存，听到广播后，请速到火车站大厅服务台，凭有效证件领取。"播音员慵懒地播报了两遍，"啪"地关掉了话筒。

"喂，怎么？"鲁伯疑惑地问。

"你有能证明自己身份的证件吗？"

“护照。”

“跟我来。”

两人站在大厅服务台，惊讶地接过他们的“物品”——那只是一张 A4 纸。

“呃……”鲁伯看了看连打哈欠的咨询工作人员，还是急切地问，“给这东西的人长什么样子？”宋臻赶紧翻译过去。

“这是快递来的。”工作人员简洁地撂出硬邦邦的回答。

宋臻与鲁伯面面相觑，想来从快递源头调查也没有意义了，便又一脸茫然地看 A4 纸上的图案——准确地说，那并不能算什么图案。

十二个汉字平均分成两竖列。尽管它们字体各异，但对于文史知识精熟的宋臻而言，这并不是障碍。他从最右上方的字开始，由右向左自上而下，清晰地念道：

“子、丑、寅、卯、辰、巳，午、未、申、酉、戌、亥。”

“这写的是什么？”鲁伯迷惑不解。

“十二地支啊。”宋臻脱口而出，又立即意识到鲁伯并不理解地支为何物，于是抬起头重新解释道，“这是中国的历法中使用的表示顺序的十二个汉字，同时对应着十二种动物表示的图腾——”

“十二生肖？”鲁伯插嘴问道。

宋臻一愣，惊异于鲁伯怎么会知道十二生肖的概念。鲁伯咧嘴闪了一个简短的笑容：“还用问吗？圆明园的十二个动物脑袋，闹得沸沸扬扬。”

宋臻想想也是。自从 2007 年何鸿燊博士不惜巨资硬是拍下圆明园大水法的马首铜像并捐回国家后，全世界顿时都知道了中国的十二生肖是怎么一回事。后来的法国佳士得兽首流拍事件，以兽首对中国进行要挟的风波，加上最近的法国皮诺家族愿无偿捐回鼠首兔首的消息……即便迄今只有七只兽首归国，但是媒体的热心炒作无疑更是使得这些事件成为了一次次生肖文化世界性科普的机遇。这样倒也好。宋臻抿了抿唇。不用在这上面给鲁伯解释一通，耗费时间了。

“真是谢谢你啊，圆明园大水法。”宋臻哼唧一声。

等等，大水法？

十二地支不但可以纪年，还用于计时。古时，以十二地支命名一天的十二个时辰。对于这一点，大水法就是明证：子时，鼠像就会以口中吐水的形式报时；丑时则是牛像，以此类推。

“所以，这张图的线索，指向的应该是芜湖的某个著名的计时装置。”鲁伯听完宋臻的解释，敏锐地指出。

“我想是的。”

“芜湖的 BIG BEN （“大本钟”）?”

“很贴切的类比。”

旁边原本哈欠连天的咨询人员倒是饶有兴致地从头听到尾，权当是练习听力，这时忍不住插嘴：“中山路——”

“没错。”宋臻向他点点头，“步行街。

“另外，鲁伯，我明白他为什么将时间限制在半夜 11 点了——那是子时，中国传统文化中前一天的结束和后一天的开始。”

十几次的出差，使得宋臻对芜湖的熟悉程度不输给任何当地人。中山路步行街。他坐在出租车副驾驶座上想。这条街号称“安徽第一街”，虽有过誉之嫌，但在芜湖来说，它确是带动整个市中心繁华发展的中心枢纽。对于江城的购物者，它自然是血拼狂欢的天堂；但在购物之余，街上也有两个景观值得一看。一个是略嫌瘦小的孙中山芜湖讲演雕像，立在街道中段的一个小休憩广场上；而另一个，则是处在街道最北端的“入口”处的——世纪花钟。

世纪花钟并不是钟楼，它只是一个巨大的圆形机械钟面，迎着游人们进入的方向微微抬起身子，倾斜地躺在南北走向的步行街入口处地砖上。在机械内核的外壳面上和钟盘后方的方形双层花坛中，五彩团簇的繁花锦幛般地铺盖着，如同一床被絮，“世纪花钟”因此得名。美观起见。宋臻心里嘀咕。他第一次出差经过这里时，芜湖市文化局局长就这么向他解读这个创意。但他丝毫不以为然。水果拼盘大杂烩。他这样叫它。

没想到这回居然第一站就是这儿。

三

消失的手枪/焦黑的手杖/融化的蜡像

谁不在场

珠宝箱上符号的假象

鲁伯眉头紧锁。他和宋臻不顾旁人的侧目，站在世纪花钟前快二十分钟了，期间他们翻弄着花朵叶片、摸索着每一寸可疑的地方，但丝毫没有看出这里有什么线索。

宋臻缓慢直起腰来，双手掐腰，站立在鲁伯右前方。他开始怀疑自己的判断了，但又想不出对纸上的信息有什么别的解释。他从裤袋里摸出叠起的纸张，展开，再次仔细端详。纸张边沿微微湿润，那是汗液浸透了裤袋造成的。“这鬼天气。”宋臻小声骂道。五月的芜湖天气诡异。现在刚过上午 7 点，却是一股闷暑炎气。而直到昨天，芜湖还阴雨连绵了两日。

“子丑寅卯……子丑寅卯……”宋臻越念叨，越是一头雾水。

“嘿，宋。”鲁伯把太阳穴上挂着的一滴汗抹进鬓角的发丝里，“你起初说，它们和十二生肖是一一对应的?”他接过纸，试探地问。

“嗯。”宋臻没气力地哼出一声。

“所以我想，会不会这是指向哪个教堂——啊，你们叫寺庙。”

“寺庙?”宋臻没搞懂他的逻辑。

“因为寺庙里有十二生肖的塑像。”

宋臻喷出笑来，却也明白了他的意思：鲁伯认为像十二生肖这种图腾，是会在宗教场所体现的。但是他不知道的是：十二生肖并非宗教元素，寺庙所代表的佛教本也不是中国本土文化，十二生肖和寺庙之间更是绝无关系。

不过，如果真的只是指十二生肖……塑像……

倒还真有……

赭山公园一向是一个空旷、静谧而且充满闲适气息的所在，花坛中伪装成石头的小音响送出的舒缓的音乐，更是如飒飒微风，沁人心脾。来这里的人一般也只有两类：想要慢慢晃荡的年轻人和只能慢慢晃荡的老人。因而，两个50岁左右的步伐仓促的男人，在这里会比较显眼——更何况其中还有一个老外。

宋臻带领鲁伯很快找到了他们想要的：石雕十二生肖，静静地排列在道路两旁，分布成“八”字形。

每边六个。宋臻歪着头略带怒气地斜睨着它们。“我知道那十二个字为什么要那样排列了。”

对石刻颇有研究的鲁伯走上前细细审视石像们。从英国造型古朴的巨石阵到各大教堂、博物馆里大理石像，鲁伯都熟稔于心。宋臻还记得自己第一次到鲁伯家中参观时的惊讶：一个微缩版“巨石阵”放在桌上，俯视它圆形的顶端就会发现，那原来是一块时钟。大卫、摩西、断臂维纳斯的大理石复制品遍布家中——鲁伯拿它们作为自己和客人们的衣帽架。他甚至还曾邀宋臻给“断臂维纳斯”带一件旗袍来。“很粗糙的技法。”鲁伯撇撇嘴评价道，“会不会是空心的?”他蹲下身用指节挨个叩击石像。在清晨的安静氛围里，除去“啾啾”的鸟鸣和假石音箱播放的轻柔音乐，并没有太多杂音会干扰他辨别石像内是否可能暗藏玄机。

一旁的宋臻深深吸进一口气，抬手狠狠抹了把脸。虽说这十二生肖雕塑的确与纸张上的信息有了更多的契合，但他还是没看出这对寻找孝文帝的真迹有什么帮助。他闭上眼，想让自己平静下来仔细理理思路。轻柔悦耳的乐曲声在晨风中缓缓地飘浮着，和着晨曦的跃动，如同一个个七彩的泡泡快活地飞扬在——

“啪！”

乐声毫无征兆地戛然而止，宋臻顿时像是跌入了无声的空境。这倒也罢了，可没一会儿，音响又发出了“嘀嘀啪啪”的声音。

“劣质。”尽管公共设施是质量低劣的“豆腐渣”这一现象在中国早已普遍得令人见怪不怪，但本已足够烦躁的宋臻还是忍不住批判一句。

“嘀——嘀——啪，嘀——啪嘀——嘀——”

真是烦人。宋臻侧了侧身。他看见鲁伯也皱起眉头，一副被打搅的神态。不过——

鲁伯猛地站起身来，急慌慌地抽出衬衫口袋里的笔和那张纸，将纸翻了个面，顿了顿，在纸上疾笔记录了起来。

五步之外的宋臻奇怪地观察着他的举动，突然一激灵——

难道是——

两三分钟后，鲁伯停下笔，扫了一眼自己的笔迹，微笑：“宋。”

“怎么？”

“我们碰上了一个强大的对手。他也没有骗我——这的确是一场有趣的游戏。”

宋臻呆呆地等待下文。

“是摩尔斯电码。”鲁伯展示着他画满条条点点的记录。

守口如瓶
启之依序
蛮力暴行
真情隐去

摩尔斯电码……宋臻呆呆地揉着鼻头。

“啊……老师您好……”当时还在合肥市文化局工作的宋臻

接到上小学四年级的儿子的班主任从学校里打来的电话，叫他去学校一趟。他赶忙临时请假，在学校的四年级组办公室里面对一脸愠色的班主任老师。

“宋华骏爸爸，你家孩子可是够聪明的啊。”

宋臻不傻，知道这不是表扬。没敢答话，静待后面的“批注”。

“他连摩尔斯电码都用得很熟练嘛。”

宋臻有点懵。的确，在儿子八岁时，他就已经教会了儿子摩尔斯电码——虽然他自己也只懂个皮毛，会敲 26 个字母的代码；儿子的技术长进之快却明显出乎他的意料。但是，这和老师心急火燎地把他叫到学校有什么关系？出于谨慎，宋臻还是挂着尴尬的微笑，等着老师接着说。

老师见宋臻一直不开口，更加理直气壮、盛气凌人：“你家孩子考试时拿摩尔斯电码作弊你知道吗？”

作弊？宋臻惊呆了。他知道儿子不是那样的孩子。他挪动眼珠瞟了一眼儿子，儿子在一边默不作声，倒也站得不卑不亢。

“华骏？”宋臻压低声音佯怒地叫道——尽管他知道压低声音没用，只是做个样子，“你竟然作弊？”

老师见宋臻发火了，心里舒坦了一大截，于是当起和事佬：“其实呢，他只是帮助了别的同学作弊。真正有错的并不是他。”

宋臻看到自己一作色，老师就怒意渐消，更不敢怠慢，继续提高了嗓门训斥华骏，几乎作势要打。老师便更是卖力地打圆场。原来小华骏的电码能力被同学们“挖掘”，于是纷纷“学习”——但只学了四个字母的敲法：A、B、C、D。考试时，那几个孩子就用铅笔的橡皮头在桌上敲击选择题答案，“互相帮助，共同进步”。华骏从头到尾并没有参与作弊，但在老师们发觉不对头，抓到“真凶”进行“审问”时，起初传授技能的小华骏就“躺着中了一枪”。

宋臻心里松了口气，领回了儿子。你这是给人当枪使了啊。他蹬着自行车想。儿子却转脸就忘了这事，在自行车后座上迅捷地拍击着手掌手腕，练习电码，不亦乐乎。其熟练程度简直令宋臻汗颜。

“我猜那家伙是用电磁波干扰波段技术，使播放器传出摩尔斯电码。”鲁伯摸着微显胡楂的下巴，对着译出的笔记点点头。

“那他应该就在这附近？”

“别傻了，电磁波远程干扰技术毫无难度。”

宋臻不说话了。他明白：寻找对手的想法基本上是没有实现的可能的。鲁伯说得对：他们碰上的是一个强大的对手。

现在，比较实际的想法，是尽快破解对手设置的障碍。

“守口如瓶，启之依序。”鲁伯念道，“很明显，寻宝的提示就在这些动物身上。而我们应该……依照某种次序打开它们？

“蛮力暴行，真情隐去。这应该是指假如我们想硬动这些家伙，提示就会……难道是这里面有自毁装置？”

宋臻思索了一会，表示完全同意鲁伯的解读：“另外，我想关键点是在‘依序’上。”他补充道。

鲁伯徐徐地点头。

“次序……”宋臻咬着上唇，“不会是挨个来这么简单吧……让我看看……”他翻回到纸正面，“我总在想这是不是故意为之。难道是在这里发挥作用？”

“你是指什么？”鲁伯听得云里雾里。

“字体。”宋臻眼里几乎射出光来，“我差点忽视了，这十二个字的字体各不相同。也许是因为我太熟悉汉字的各种字体了，反而会忽略它们的差异。”看到鲁伯还是一副不解的神情，宋臻拣起笔在纸上勾画讲解：“你看，这个‘子’字是章草；‘丑’字是甲骨文；‘寅’字，籀文，就是大篆；‘卯’，真书；呃……‘午’，隶书；‘申’，铭文；‘亥’，小篆。嗯……其他的都是普通的——咦，怎么有三个字都不见了？”

的确，“巳”“酉”“戌”三字竟都不翼而飞。鲁伯不敢相信似的，将眼镜扒拉到鼻尖上挂着，两眼凑近纸仔细观察：“不不，你看，这里还有痕迹。”他指着“酉”字原来的位置，那里隐约可见断断续续的浅浅墨点，“这是水溶墨。”

水溶？哪来的水呢？宋臻愣住了。

“汗液。”宋臻喃喃道，“我们的汗浸湿了口袋。”

鲁伯并没有注意宋臻在说什么。他环顾周围，径直走向旁侧的小池塘，蹲身，将纸按没入水里。

纸很快被水浸得透湿，鲁伯再举起它，轻轻抖去水渍。纸张上，五个字不见了——

辰、巳、未、酉、戌。

“宋，如果我没记错，剩下的七个字，正好是你刚才说有奇怪字体的。”

显而易见了。宋臻顿觉豁然开朗。如果说还有什么有关次序的指示的话，那无疑就是字体了。

他又瞥了一眼湿漉漉的纸张，果断两步跨上前，站到石牛面前。

他死死地盯着牛头思索，人眼瞪牛眼，瞪了足足一分钟。终于，俯下身，试探性地向牛伸出手去。

鲁伯紧密注视着。他不知道宋臻想干什么，但他隐约感觉，宋臻快要破解谜题了。

宋臻用指节有节奏地敲击牛嘴。

重、重、轻、重，重、轻、轻、重。

“O-X，ox.”鲁伯脑海中自动译码。“摩尔斯电码的二次利用。”

“喀哒。”

本来微张的牛嘴突然大开，宋臻侧低下头观察了一下，小心翼翼地将手探进牛嘴里，抽出一束小拇指大小的纸卷轴，用细细的金棕色束带捆扎着。

“原来如此!”鲁伯凑向紧挨着的石鼠像，刚“笃笃”地敲击出一个“M”，便被宋臻连忙起身阻止。

“怎么?”

“按顺序。”宋臻简短地解释道。

鲁伯的确没看懂宋臻的顺序：为什么是先敲处在第二位的牛？他只好看着宋臻走向猴像，如法炮制取出口中的纸卷，然后是虎、猪、马、鼠。

轻、重、轻——

“等等，宋，‘M’是‘长——长’啊。”

“十二生肖中，它译为‘rat’（老鼠），而非‘mouse’（耗子）。”

鲁伯无奈地挥挥手。紧闭的鼠嘴“喀哒”地张开。

宋臻步履轻快地走向兔。“快结束了，伙计。”他轻松地喊道，“简单得令人不敢相信的提示：汉字的字形出现的顺序，是由甲骨文到铭文，再到籀文、小篆、秦隶、楷书，再然后，章草出现——字形在历史上先后出现的顺序，就是它给出的指点。”宋臻俯首取出三瓣嘴里的宝贝，回转身，骄傲地撇出胜利的微笑，与鲁伯一起将七轴纸卷一一展开。

“我的天哪——”

顿时万籁俱寂的世界。

“我收回我刚才的话。”宋臻的拇指与食指缓慢而使劲地捻搓，脸上的血色渐渐黯淡下去。

四

矛盾通往他堆砌的死巷/证据被完美埋葬

那嘲弄苏格兰警场的嘴角上扬

七张纸卷，七首短诗。

很明显，它们是漂亮的密语暗文。

“我们碰上了一个强大的对手。他也没有骗我——这的确是一场有趣的游戏。”

现在，宋臻对鲁伯的话表示深切的赞同。

两人都不敢怠慢，随便在一旁的石凳上坐下，一同研究起这七首暗文短诗。

“既然是依次拿出来的，那就按次序看吧。”宋臻建议。鲁伯发出一声鼻音表示同意，挑出牛嘴中取出的那张，两人凑了凑脑袋。

Noble eyes are so pure and holy,
Whose emotional gaze brings me crowning glory.
圣眸贵韵清净端庄，
深情凝望无上荣光。

“Noble eyes…emotional gaze…crowning glory…”宋臻一头雾水。他偏头看看鲁伯，只阅读了英文的这位以睿智著称的银发绅士看起来也好不到哪去。

“我觉得，这是……寻宝的指示。你、你怎么看？”鲁伯似乎在一个一个字从嗓眼里憋出来似的，艰难地说。

宋臻没回答，并不因为他与这一观点意见不符，而是他已经不敢回答了——对手的连环谜题让他几乎开始质疑自己的智商——宋臻虽然从没把别人对他的“博学广闻”这一高度评价当回事，但也从没有像今天这样被几道谜语弄得毫无头绪过。

“看看吧，宋。虽然具体内容还没有被破解，但是有的东西很明确：比如‘圣眸’。”鲁伯修长的手指点着牛嘴纸条，又拾起另几张，“每一张里都提到了这个概念——圣柱、圣水、圣泉、圣卫、圣婢，还有这儿：圣血。七个圣器（7 halidoms），还不够清楚吗？”

“*The Sutra of Seven Halidoms*——《七宝经》！”

鲁伯轻快地耸了下肩。

“但是，即便有了这些提示，未免也太晦涩了。”宋臻感觉下唇快要给他咬破了。他完全看不懂这些纸卷想表达什么。他抽过“猴口暗文”端详了一番：

Luciferous columns are dimmed by sunshine,
while they loyally illuminate the culture shrine.
光明危柱黯入晨芒，
忠贞守障魂憩道场。

“依旧不知所云啊。”宋臻的手指无意识地一缕一缕绾着额前头发，揪得头皮微微地发疼，“毫无头绪，即使说它是寻找的提示。”

并不火辣但同样热力强势的太阳越升越高了。上午 7 点 45 分。

公园里的人渐渐多了起来。早在宋臻他们到来之前，就已有几个遛鸟的老头志得意满地提溜着爱鸟的竹木笼子晃晃悠悠走来，将鸟笼挂在邻近的低矮枝头上，在两人现在坐着的池塘边，也各自拣了个石凳坐下，聊着天，抑或扯开布棋盘斗棋，鲁伯的外国面孔并没有引起他们丝毫的兴趣。三两个满头细汗的中年男女，穿着松松垮垮的汗衫或背心，这会儿已经晨练结束，脚下略带跃动地打道回府。小学生模样的孩子们三五成群的，一面打闹，一面呼喝着听不懂的“游戏术语”，脸红脖子粗地争辩着路过。看到凸鼻凹眼的鲁伯，突兀地慢下脚步凑近头窃窃私语，不时从伙伴的人头缝里窥觑着，忽然又爆发出一阵大笑，互相推搡着跑开了。终于，一个胆大的孩子不自然地高昂着脑袋，硬挺着胸膛，一步大一步小地走向鲁伯。“哈、哈——哈罗。”声音梗梗的，掩饰不住的紧张。

宋臻本已满脑子乱麻，又见到这个熊孩子来聒噪，更加有点怒意。虽说在儿子小时候，他也鼓励孩子去大胆地找老外练口语，而且成果卓著：现在，儿子的英语水准早已不逊于任何一个英国人，一口标准的牛津腔是他独到的功夫，也是宋臻为他骄傲的资本之一。但这次，这娃来得真不是时候。他拍拍鲁伯后背，示意离开这里——反正该在这办的事应该也办完了，久留也无益。

鲁伯没有动身。他拉回宋臻，转头和孩子搭起话来。

这孩子英语水平并不高明，但以他的年龄来评价，已经算是不错的了。但宋臻还是不明白在这种争分夺秒犹恐不及的关头，与一个素不相识的孩子谈话，其意义何在。难道还指望这孩子能破译这些密文？只好背对他们，坐在一旁忙着看纸卷，尽量排除耳畔的干扰。

鲁伯尽力以简单易懂的语言与孩子交流，很快聊得投机起来。

“就是说，你现在六年级咯？啊，那么，一直住在芜湖啦？”

孩子骄傲地点头。斜过眼瞥了瞥远处一直窥望的朋友们，显出一副只有勇敢者才敢跳出与怪兽角力，且能做到相持不下的得意神情：“你想去芜湖好玩的景点么？我都知道的。”

“你都知道？但你也才十岁的样子，怎么会都知道呢？”

“我、我有十二岁了！”孩子感觉像是被小看了，更加激动地高昂起脖子，“你可以试试问我啊。”

“那好。你知道哪里有，呃……”鲁伯想了想，估摸着这个词孩子可能不知道，于是还是拿起纸画图给他看，“这个东西，哪里有，你也知道吗？”

宋臻看短诗正看得头昏脑涨，这会儿好奇地转过身来，看鲁伯在问些什么。鲁伯的画简单明白：一个车轮状的带有辐条的大圆圈撑在底架上——显而易见，摩天轮。

“我、我知道。我，呃……还知道两个呢。”孩子眼珠骨碌碌转，一副“你算是问着了”的表情。

“两个？”鲁伯脸色微变。

大大咧咧的孩子一点没有注意到鲁伯的什么脸色变化：“对，两个。一个在方特公园——”“方特梦幻王国？”宋臻用中文把名称说全。“嗯，对。你也知道啊？”孩子也不自觉地恢复了汉语，“还有一个呢，喏，就在那。”

他的右手往不远处的树丛中一指，正在那片树林中躲躲闪闪看热闹的孩子们“哇”地大叫一声，四散奔逃。不过他所要指的并不是他们。

稀疏而不算高大的树丛间，隐约漏出一个圆形的轮廓。隔着层层的细小叶片看过去，它似乎真的十分巨大。

“好吧，这个可能性排除。”没用十分钟，两人就赶到他们在树丛中看到的这个摩天轮近旁。鲁伯只抬头瞅了一眼，就一摆手说道。

这是一个赭山公园里供游乐的摩天轮。准确地说，叫它“摩地轮”也许更为合适。“这家伙，哼，有 60 英尺（18 米）高我就谢天谢地了。”鲁伯轻蔑地又看了一眼，“排除了。”

“瑟夫，我没搞懂。”宋臻捏着下巴问，“为什么你想到摩天轮？摩天轮和哪一条密文有关系？”

“当然是圣眼。”鲁伯说，“在英国，最负盛名的‘圣眼’就是‘千禧眼’。我想那谜题的意思，是指经文在圣眼附近，被它‘注视’着。”

The London Eye，英国航空伦敦眼，坐落在泰晤士河南岸，与大本钟隔河相望。由于它是在 2000 年建成，作为庆祝新千年的贺礼，所以又称“千禧之轮”。其高度达到 443 英尺（135 米），重达 1500 吨，全轮的轮舱最多可容纳 1200 人乘坐其中，俯瞰伦敦全景，在当年卓绝世界。但那些并非是最惊人的——它的原设计图纸显示，这家伙原本准备建得比现在还高 45 英尺（14 米）！曾经沧海难为水，完全可以理解：在鲁伯眼里，现在眼前的这个“摩地轮”，简直是营养不良的小不点。

想用“千禧眼”来解读“圣眼”的谜题。宋臻忖度着。真是非英国人做不出的联想。可他并不确定这样的联系是否对路。“也许它就是个实指的‘眼眸’也说不定啊。”他小声地念叨一句。

“我把它放在了芜湖的某个著名的地方。”

这句话应该是会大大缩小查找范围的，毕竟芜湖够格称上“著名”的地方并不多。

方特，倒的确可以算一个。但是……真的仅仅是这样？

宋臻已和鲁伯转乘上了第二辆公交车。鲁伯此时早已被上一辆车颠簸得晕头转向，在座位上扒着窗户呼哧呼哧喘气。“双……双层公交……会减……呕——减震一些……”“上帝保佑你，幸亏你还有座位。”宋臻抓着扶手注视着晕车晕得七荤八素的老朋友，装作没听见身边的几个乘客的窃窃私语。

可能是从没见过两个中年男子结伴来方特，售票员显然有些好奇，还特意伸头从窗口内望了望，看看下面是不是藏了个要逃票的孩子。

“您好，请问要找摩天轮的话，进去后应该怎么走？”排了将近20分钟队的宋臻探身向窗口问道。

整个芜湖，如果说有哪些地方是他不熟悉的，方特绝对可以名列前茅。“我哪有工夫来玩这个。”宋臻心里说。即便出差期间有闲暇，他顶多也只会去步行街买点东西带回家，或去淘一幅他喜欢的铁画，或是去找在安徽师范大学做图书馆馆长的那个老朋友喝两杯……总之，怎么也不可能来方特。

售票员的回答让他脑子一炸。

“我们从来没有摩天轮。”

宋臻耳朵里嗡嗡地响。从来没有？什么情况！

“但我们有空中飞舞、飓风飞椅、旋转飞车这些项目，与摩天轮效果不相上下。我们的游乐设施更多地体现速度产生的激情……”

宋臻没再听下去，说了声“谢谢”，回身。那概念不清的孩子啊，你可是害我们白跑了一趟。

他拍拍在一旁仍没缓过劲儿来的鲁伯的肩膀：“走吧伙计，我们又做了一次失误的猜测。”

用“中国俚语”来说，这叫“跑偏”。宋臻无声地叹口气。

五

我们可以遗忘/原谅/但必须知道真相

被移动过的铁床/那最后一块图终于拼上

上午11点50分。

五月的阳光在这个点已经大显威风，光线白得灼眼，照得行道树的那些又油又厚、像是涂了一层蜡的叶子都成了一片莹莹的白色反光板，没了一丝绿意。满街除了车子的发动机们的低吼，就是“嘀嘀啪啪”的鸣笛声。偶尔听见交警的对讲机“呜呜”地嘟囔着不知谁才能听清的话语。马路边不远处，一堆排列得杂乱无章的店面挤挤挨挨，你可以在烟酒店旁看见五金店，也能发现羊肉火锅店紧挨着一间“成人保健”。其中，在一块溶溶的似乎要被晒化的蛋糕店招牌下，透过玻璃墙可以看见，一早上滴水未进的两人坐在小桌两边，各自面前摞着两三份已享用完其中蛋糕美食的小餐碟，塑料小叉子端正地搭放在碟沿上。这会儿，两个依然面带疲色的男人正分别研究着各自手上的三四张小纸卷，那架势看上去就像在玩扑克牌。

“我想我们还是先仔细把这些密码钻研透，再有目的性地跑地方吧。”十五分钟前的鲁伯，略有些丧气地说。他审视着刚买的芜湖市旅游地图，那是源于宋臻的建议。宋臻觉得即使他自认为熟悉这个城市，买张地图，总会提高他们工作的效率和推理猜测的保险程度。

宋臻点头同意。倒不完全因为他刚才又累又饿的、腹部肌肉都有点抽搐，而主要是因为他实在觉得这时间耗不起。虽说现在距离“游戏结束”的午夜11点还有约十一个小时，但难道还能指望在最后一刻“卡点”解密？更何况，宋臻现在不知怎地，产生了一种令他深觉恐惧的预感。

十一个小时，也许还不一定够呢。

随着时间被无形地一点一点地蚕食，宋臻越来越觉得自己有先见之明。

除去之前已看过的两卷卷轴“圣眼”和“圣柱”，剩下的五条暗文短诗按照从兽口中取出的顺序依次如下：

（寅虎·圣水）

Saintly water flowed peacefully as well as the age,

where ancient wisdom has been amassed and circulated as heritage.

清流渺渺岁月汤汤，

涵泽天智积聚蕴藏。

（亥猪·圣泉）

Fortunately, our souls are purified by ornate fountains.

At noisy nights, we’re still climbing spiritual mountains.

华泉激涌逸兴飞扬，

喧嚣长夜静点心香。

（午马·圣卫）

Heroically and fortitudinous,

face to the enemy that they need to fight against.

Regardless of bloodred armor,

back on to what they need to surround and protect.

拱合护卫决毅如钢，

临渊背水血染胄裳。

（子鼠·圣婢）

Virtuous maid accompanies and blesses the devout quester.

Light and shade principle of the universe shine upon each other.

玉颜侍座红袖添芳
阴阳互补天地交煌

（卯兔·圣血）

Royal blood line I have succeeded direct to the east straightly.
Though be cut off, it points out its honorable name unwaveringly.
相承血脉直贯东方，
嘉名镌洗延断何妨。

平静……平静……宋臻一遍遍调息，默默地告诉自己。

坐在舒适温馨的蛋糕店中的两位男人，却不约而同地感受到自己正处在一个浩瀚迷蒙的战场。那战场风定旗偃、鼓息角咽，眼前没有遍野横尸、漂橹流血，只有满目的黄沙，一次次迷住他们的眼睛，使他们不得不在前进的途中慢下脚步，懊恼地蹲下身，痛苦得龇牙咧嘴，一遍遍地用手揉抹那飞进沙砾的双眼——与其说这是战场，倒不如说是迷宫。遥远得几乎隐没在风沙中的地方，什么东西熠熠生辉，闪耀得醉人心魄。他俩拖着疲倦的躯壳艰难地爬行许久，却好像根本没有离那该死的迷人光芒更接近哪怕一点点——要命的是，似乎还在渐行渐远。

宋臻闭上眼睛进入冥想状态，竭力地调动自己的记忆库存。他可以感受到对座的鲁伯也正沉默地搜索着大脑的数据库。截至现在，他们已经承受了来自传统图腾文化、汉字字形演变史、摩尔斯电码、水溶墨技术等各种形式的迷云轮番浮现蛊惑。即便他们两人都具有渊博的学识，但每一次拨开迷雾的过程，却都会令他们感觉大脑像是被整个翻弄淘洗了一遍。而即便如此，他们也才仅仅解开了写在 A4 纸上的第一道谜题。

现在，一下子竟又冒出了七张纸条！

专注地决战吧。我们没有时间分心了。宋臻挤捏着睛明穴，重新睁开双眼。

记忆里，各种词条、暗码、数字、画面、话语仿佛充斥了整个蛋糕店的空气。飘浮萦绕。闪烁飞旋。奔驰碰撞。上万成千。

“就现在来看，可以得到的线索有这些——”鲁伯首先打破沉默，低哑的声音伴着“沙沙”的写字声，“藏匿东西的这个地方，会有一个所谓‘圣眼’的物件处在其旁边守候；带有光明的含义的‘圣柱’，我认为很可能就是高大的立柱——而且请注意：不是一根，而应该是柱群。”

“Columns（一群立柱），复数形式。”宋臻明白他的意思。

“没错。下面‘圣卫’这一条中写道 that *they* need to fight against，what *they* need to surround and protect，也暗示了圣卫并非孤军作战。”鲁伯继续说，“除此以外，还有的提示是：圣泉，应该提示的是藏匿点周围有天然泉水或者喷泉式设施；圣水诗的原文是 saintly water flowed peacefully，这就说明除了泉水，还有另外一处水面，它俩不是同一个东西。但我还无法确定这个 water 指的是什么……”

“A pool or a river，确实。”宋臻接话。圣水，所示的到底是池塘式的水域，还是河流式的，这的确是一个困扰点。他补充着自己的猜想：“圣柱诗用了 the culture shrine 一词，暗示了藏匿地可能是一个具有文化底蕴的‘道场’或‘圣地’，我想这会排除掉一些选项。”他对着地图扬扬下巴，“圣卫诗中提到‘临渊背水’，这一句在英文中的表述却有所不同，‘水’的信息似乎没能体现：back on to what they need to surround and protect，这里只说到‘拱卫’。所以我依据中文的内容，推断圣卫‘背后’应该就是圣水或者圣泉——是的，也可能都在。总之有一点是确定的：圣卫‘背对着’他守卫的东西。”宋臻顿了顿，“圣婢诗中‘玉颜侍座，红袖添芳’，这句话应该是源于‘书中自有颜如玉’和‘红袖添香夜读书’这两个中国典故。前一句原意大致可以理解成以‘只要学业有成，就能坐拥享用不尽的名利美女’为诱惑来激发学习者的学习兴趣；后一句则是中国古代不少读书人对日后理想生活状态的描绘和遐想：就是有美人伴读、研墨什么的，也算是一种激励读书的方法吧——”

鲁伯嗤出一声笑：“你们的读书人理想还真崇高啊。”他玩弄着手头的钢笔，“没有女人的诱惑就连书都读不下去吗？我猜这就是中国传统文化对性的极度压抑而产生的恶果吧。”

宋臻不知该如何反驳。现在不是争论这个的时候。他提醒自己。当然他也知道自己对于鲁伯的这一观点完全同意，没的辩。只好继续说下去：“我的意思是，它两次提到有关读书的意象，我想这不会是巧合。”

各自陈述完猜测推断的两人又各自缓缓埋下头，沉入死水般的静默。窗外的街道传来的车水马龙的嘈杂声，如交响乐般依旧清晰可闻。

好一会儿，鲁伯迟疑地抬起头：

“宋？”

“嗯？”

“你……没有别的要说的了？”

“没……有……”

鲁伯看上去显得有些不安：“你没有觉得……我们都遗漏了什么吗？”

宋臻两道不算浓重但是修长的眉毛少见地狂乱地纠结着。他右手撑着脸颊，牙齿轻轻地揪扯着右手背上已略显干瘪的皮肤，连说话似乎都有些咬牙切齿、一字一顿：

“我，当然，注意，到了。

“没有人，提到，最后一张，纸条，对吧？”

“卯兔·圣血”安安静静地躺在桌子的正中央。

“说实在的，我……看不出它指示了什么——事实上，我认为它根本就没有指示什么。”鲁伯急促地捻着胡楂。

“你是说，这首诗根本不像其他六首一样是有所指的？”宋臻语气里带着疑问，但是他心里却持相同看法——尽管不敢相信，毕竟六条密文在前，谁也不会相信这同时出现的最后一条会毫无实际意义。但是，老天，我真的没能看出它说了什么玩意啊。

“我祖承的尊贵皇室血脉直指东方/即便被无情截断，依旧坚定地绵延向英名的辉光。”鲁伯念道，“它指出了《七宝经》的书写者是帝王血脉，blue blood（蓝血贵族），强调了《七宝经》是东方国度——中国的珍宝。还有别的么?”

当然还有。宋臻早在第一遍看到这条暗语诗时，就解出了又一层涵义：“即使被无情截断，依旧……”，或者“延断何妨”——随便怎么说吧。总之，它暗指了西方列强侵入中华国土，劫掠华夏文明成果的那段中国屈辱史。《佛说轮王七宝经》的命运不亦是如此吗？但宋臻想了想，还是没跟鲁伯提这个发现。没错，它和史实情况相契，但是，这对于地点的指示也确实没有任何帮助啊。

“也就是说，这段诗的唯一意义，就是庄严宣示了主权?”宋臻半开玩笑地说。

“恐怕我们只能作出这一种理解了。”鲁伯挑挑眉，无奈地歪了歪脖子。

宋臻执笔在地图上游走。对于一个旅游者而言，芜湖市可去的地方很多，像不甚知名的神山公园、汀棠公园、陶辛水韵、马仁奇峰、阳光半岛……这类地方，宋臻随手就能在小小的芜湖市地图上圈出二三十个。但“著名”之谓的限制，大大减轻了他的工作量。

现在又有了密文暗示的条件辅助，你应该轻松很多才对啊。宋臻告诉自己。

“真正配称得上‘著名’一词的，”宋臻用笔帽戳着地图，口若悬河，“桐山寺，建在浮山上，以其中的千年古银杏树而闻名；天主教堂，依长江而建，是芜湖唯一的天主教朝拜所；滨江公园，就在天主教堂对面——入口广场上还有一个天主雕像呢——沿江地段，平坦开阔；市图书馆，1949 年始建，这里藏的有价值的古籍还算不少，大概有……三千册吧——但与拥有八千多册善本的安徽师范大学图书馆相比就逊色很多——这些是比较靠外沿的。”宋臻停了停，笔帽在地图上的一片区域上画了个小圈，“剩下的基本都在市中心区域。像这里，凤凰美食街，食客圣地，小吃天堂；广济寺，唐乾宁年间依傍赭山而建，传说地藏王菩萨在此讲经三年，现在是安徽四大名寺之首。清朝时，叶赫那拉氏——也就是后来的慈禧太后，自幼信佛，少女时代的她常在广济寺内烧香膜拜。她显赫后，还曾亲拨十五万两银子给广济寺修庙——虽然经过府道两处各扣五万两，最终只剩下五万两银子到了广济寺。柳春园，原名留春园，其名取自南宋爱国状元词人张孝祥的词句‘留春待我春应许’，乾隆年间扩建后曾毁于战火，光绪时重建，1985 年又重建。鸠兹广场是芜湖市中心最有名的去处，是芜湖市政府的原址。你看它周围：临中山路、傍步行街、依赭山、面镜湖，可以说是风水宝地了。1999 年市政府决定迁出，2001 年落成广场——比较新，但承载的文化内涵很重——哦，差点忘了，镜湖。”宋臻咧嘴笑笑，“虽然它很大，但它的邻居鸠兹广场太引人注目，弄得它都被埋没了呢——朋友太出色也不一定是好事啊。还是那个张孝祥，捐百亩田汇成这湖。另外，还有几个刚才见过的老面孔：赭山公园、中山路步行街……然后，这里是安徽师范大学，芜湖地区最著名的高等学府。唔……就这些了。”

“作为一个深谙教义的非基督徒，”鲁伯支棱着眼皮，透过镜片像扫描仪一样扫视整个地图，“特别是在我看到诗文中出现的 Luciferous columns、the culture shrine、saintly、ornate fountains、bless 这些充满宗教意味的字眼后，我对这个天主教堂——”

“你怀疑是——”

“恰恰相反，我丝毫不怀疑它了。我认为诗中出现这些词是引导我们误入歧途的陷阱，实际上它会另有所指。”

“但是这样排除未免也太——”

“我问你，宋，”鲁伯抬起眼皮，目光灼灼，“你见过在教堂里表现水元素的事例吗？”

“呃……”宋臻努力在记忆中搜索范例，但是一无所获。

“显然没有。但为什么呢?”鲁伯毫不犹疑，“因为水、火、气、土四元素是理性之光最初朴素结晶的代表。梵蒂冈教会会允许科学的思想元素出现在教堂里吗？现在可不是做梦的年纪了。”

四元素说。宋臻若有所思。17 世纪的早期炼丹术士笃信不疑的说法。倒也确实是西欧理性思维初显锋芒的重大理论成果。在东方可就不一样了——两千年前的《尚书·洪范》里就早已对五行学说进行了论述。

“实际上，我也排除了一个看上去十分迷惑人的选项。”宋臻说。

“让我猜猜……”鲁伯狡黠地笑着，“十分迷惑人的……广济寺可是够吸引我眼球的啊。”

宋臻会心一笑，“没错。”

丢失的物品是佛经书法，暗示中一遍遍地提到“圣眼”“道场”这样宗教味浓重的词汇……一切似乎都让广济寺这样的佛教圣地难逃嫌疑。但是宋臻清楚地意识到：这只是个障眼法罢了。

圣婢诗就是明证。

人类最初的信仰即朴素的女性崇拜，或者可以更直接地说：是对生殖力的崇拜。但在西方宗教界中，教会已用几个世纪不遗余力地抹杀女性在人们心中的地位。他们捏造了伊甸园的堕落故事以让人们相信：是女性的贪婪好奇为人类带来了原罪；他们几乎删尽了《圣经》里关于耶稣的伴侣——抹大拉的玛利亚的一切信息，禁止了《玛利亚福音》的出版，并污蔑她为妓女。因为他们不能容忍耶稣竟然将他的衣钵传给了一个女人。而在东方的宗教中，情况亦然。佛教之中，准提佛母、观世音菩萨、大势至菩萨常以女性形象出现，其实这是一个普遍的误解。尤其是观世音。

“佛教从印度传来时，观世音的形象就是男子。一直到唐朝佛像中，观世音都一直有两撇漂亮的小胡子——就像演《乱世佳人》时的克拉克·盖博。”宋臻的手指在鼻唇之间迅速地划拉了两下，“佛教中，大大小小一众佛，只有女相，从无女身。准确地说：在中国盛行的儒、释、道三大教派中重要神佛里，就没有出现过一位女性。圣婢根本不可能被体现在寺庙里。”

“我完全同意，宋。

“相比之下，我更怀疑的是——”鲁伯修长的食指和中指叉开，分别轻触在地图上的两个点。

滨江公园、鸠兹广场。

六

如果邪恶/是华丽残酷的乐章/它的终场/我会亲手写上

晨曦的光/风干最后一行忧伤/黑色的墨/染上安详

长江江畔的风好像是恒温的。宋臻去年冬天去南京时，在江畔就感受过那种温湿黏软的气息，如同他家里那只老狗趴在地上，鼻孔里喷出的湿漉漉的气流。野马也，尘埃也，生物之以息相吹也。宋臻不着边际地想着。夏天午后的江风，似乎并没有因气温的升高而更加火热，依旧是那样淡而无味，柔和濡湿。

27 站路，近两小时的车程，两个汗流浃背的男人。下午 2 点 40 分的强烈刺眼的阳光中，鲁伯在滨江公园入口处转悠了很久，那两个雕塑引起了他极大的兴趣。

门口其实共有三个雕塑。但鲁伯和宋臻看了看最靠前的牧羊人石雕，就摇摇头毫不犹豫地走开了：一个身材健硕的青年坐在地上，身畔一群羊羔或停或走，围成一圈——这是到哪都有的大路货。将它置于最前端，倒像在玷污门庭。而伟岸的天主铜塑，在几十米外就能看见。那是一个精瘦高大的中年男子形象，身后张开一对丰满的羽翼。双手在半空托举着，一条绵长的绸带浮在他的双手之上，振荡出柔美的弧波，招展飘飞于空中。在波形的顶端，天主慈祥的双目凝视之处，两只鸽子舒展翅膀，好像受了主的圣谕，要从这里出发，飞越过去将福音传播四方。

天主像基座下不远，是一组人物像：一位年轻的母亲，头发在脑后紧紧地绾成一个髻，正抱着胖乎乎的光头婴孩，侧着脸，仿佛在哄他什么。那孩子将头偏转向外，浅浅地低着脑袋。顺着脑袋低下的方向看过去，一只苍老的手悬在半空，平伸着指尖，向孩子的小脑瓜伸过来——那是一位络腮胡须盖过衣领的神父，表情庄严而慈祥，右手托着圣水钵，左手伸出，正准备给那孩子施洗。一旁的一个清秀长辫男子身着短衫，手中一本厚厚的书，正满脸笑意地见证这一神圣时刻——也许他是孩子的父亲，抑或是神父的助手。

“沿着江边观察一圈吧。”宋臻提议道。鲁伯应了一声，兜着步子又看了一眼被午后的烈日照耀得只剩剪影的天主像，回身赶上宋臻。

平静的江面，除了远远隐在江面水雾里的几艘轮船，每日会悄无声息地离开或归来，实在趣味无多。更适宜心情烦躁的人在岸边感受一下浩渺的水面，一发思古之幽情。于是，遍布江畔的栩栩如生的铜塑，即使几乎黑乌乌一片，还是会成为一道似乎充满了活力与生机的风景线。奋力拉纤的一家三口、顶着阳光捶衣的妇女们、绷着鱼竿拉扯大鱼的两个孩童、似是长住在船上的几位老人……从面目动作，到衣物细节，无不精雕细琢，仿佛只是历史的风沙将他们封印进了一层坚硬黝黑的躯壳里，而他们的心脏还在钢皮下有力地跳动、血液还在钢皮下肆意地狂奔；一如他们面前的长江：表面上没有壮阔的波澜，气定神闲的外表下面，却是暗流涌动。

这段江堤很短，令人感受不到多少烟波浩渺的诗意图景。不远处的码头停靠的几艘货轮，黑漆漆的，好像涂满了厚厚的柏油，沉甸甸地闷在水面上。江堤左手边的尽头处，一座石塔屹立在高阶上。那塔四层八面，飞檐挂铃，通体由细密的石砖砌起，每层的八面一通一封，交错排列。右手边的尽头，则是像住宅小区一般的小憩公园。亭台水榭，一个不起眼的小屋门上，挂着一块涂改痕迹明显的匾额“接官亭”，其下方的落款，却令宋臻小小地吃了一惊——“中正”。

不过，虽然是很有趣的景致，但是并没有什么吻合谜题的迹象啊。宋臻和鲁伯有点苦恼。慢步沿着堤岸走回入口处——实际上这里只有这一个口。

“如果圣眼凝望指的是天主的眼眸凝视那两只鸽子，而圣水可以理解为长江的话，”鲁伯犹疑地低语，“那么别的线索在哪里对应呢?”

“你不该忽视这个。”宋臻说，指着神父为孩子洗礼的雕塑，“神父是奉天主的旨意在人间布道的。他的眼中也有圣洁的光辉。”

“你想表达什么呢？你是想说他右手托着的那碗就是圣水么？但其它的圣物在哪体现?”

“不，那是圣泉，洗涤心灵的圣泉，our souls are purified by ornate fountains.”

宋臻一扬眉。

“圣婢。”他说，拍拍那母亲的肩膀，“Luciferous columns are dimmed by sunshine，while they loyally illuminate the culture shrine. 圣柱是守卫圣地的，它为什么不是在马路对面的天主教堂那里呢?”又向天主像努努嘴，“圣卫。临渊背水的圣卫。他的身后，圣水长江，你一开始的猜测是对的。”

“这太漏洞百出了。”鲁伯抬起头道，“这个女性形象明显是在表现孩子的母亲，为什么会是 virtuous maid?”

“不不，看见这种鹊尾髻式了吗？在中国，只有上了年纪的女人和婢女才会使用。这是年龄或身份的标志。”

“可是天主怎么可能是圣卫?”

“天主是博爱的。圣卫代表的也不是地位的低下——”

“但英文原文是 back on to what they need to surround and protect，而在这里天主面向他要保卫的对象。”

“为什么他的保卫对象在这个方向？完全可以是——”

“第一首诗里说得很明白了。”鲁伯异常坚定，“圣眼凝视着珍宝——既然你已经认为神父代表了圣眼——难道你认为那家伙把《七宝经》扔到天主像背后的长江里去了？不过，即使圣眼凝视下的就是藏匿处，难道《七宝经》在这孩子身体里？”

宋臻抿着嘴，再找不到什么话为自己的观点佐证。但还是不甘心地想了想，伸手在那孩子的光脑壳上“笃笃”地敲着摩尔斯电码——The Sutra of Seven Halidoms.

没有任何事情发生。

鲁伯无奈地一耸肩，细细地又将滨江公园环视了一圈——当然，这时候的他哪儿有心思注意景色？只是不甘心地再次尝试搜寻线索的对应点罢了。

下午 3 点 50 分的太阳，本正当有着最耀眼燥热的光芒，却淹没在浑厚的滚滚云层中。鲁伯沉重地拍拍仰天思索的宋臻的肩头，右肘搭在他的左肩上。

“也许，这又是排除了一个错误的选项呢？”

“我，希望，如此。”

从滨江公园到鸠兹广场并不算远，大约只有 2 公里的路程——事实上，在他们乘坐 42 路公交车，自方特梦幻王国前往 27 站之外的滨江公园途中，第 25 站就是鸠兹广场。但他们上车前就决定：先前往更远的一处。

现在需要做的，就是原路返回两站。这种情况，好像不再需要使用什么交通工具了，步行两三公里可不是什么难题——但对于两个从清晨到现在只简单地吃了一顿蛋糕，而且睡眠不足的中年男人来说，似乎并不是这么回事。

鲁伯在后排座位上难受地挪动着身子，又狠狠啃了一口肥大的面包：“东西物美价廉。”车子颠簸了一下，一块面包屑从他嘴里掉落下来，“但这车和这路况我实在是——嗷！”鲁伯弯腰正想捡起面包屑，又恰好来了个急刹车，他一头撞在前座的靠背上。司机头都没回，只从后视镜里瞟了一眼，鼻腔里又长又闷地拖出一声“唔”。

宋臻估计这司机没听懂鲁伯在喋喋不休地抱怨什么东西，庆幸不用与司机扯这个废话浪费时间。“现在紧要的是研究密文。”

他嚼着面包嘟哝着。

按车行的速度，十五分钟以内即可到达目的地——比起步行，也快不了多少。他们选择乘车，只是为了能有地方安心地坐下来，再好好研读一下这些该死的诗而已。

几分钟后，车流就在离鸠兹广场不到30米的地方堵住了。

真是赶得好不如赶得巧。宋臻心里调侃着，手肘扶在大开的窗框上。“喏，这就是安徽师范大学。我的一位朋友是这里的图书馆馆长。”两人暂时没有这么急着下车，于是宋臻顺便从鲁伯的窗口往更远的斜前方指去，向鲁伯介绍道。

鲁伯顺着宋臻手指的方向，草草地瞥了一眼。看上去很古朴的校园，真该下去好好地看看——如果不是像现在这么心烦意乱。这么想着，叹口气，扭过头，从宋臻的窗口向外望了望：“嗯……这应该就是鸠兹广——哦，天哪——”

“怎么?”宋臻不解地转过目光，“对啊，这就是鸠兹广场。有什么好奇怪的——等等……”

两秒钟的沉默，漫长得倒像是过了整整一个世纪。

宋臻手忙脚乱地从皮夹里抓出一张20元的钞票抛到前排副驾驶座上：“不用找了。”挣开车门，跟着鲁伯奔了出去。

只在鸠兹广场待了三五分钟，两人心中就都有一股激流轰然炸起，尽管谁也没先说出口。难道……就是……就是这里吗?

到了这里，居然觉得那暗文简单直白得令人难以相信。

那简直就是在描述这里。

我是不是又掉入什么陷阱了?

但是，会有这么巧合般的完全一致的陷阱吗?

两人不敢相信地游走在广场上。双脚似乎不须大脑掌控地、自由地载着他们游走着。两人恍惚的神色，使得他们倒像是两个不透明的幽灵。

镜湖以环种杨柳而景胜一方，“镜湖细柳”即是古“芜湖八景”之一，历来被誉为“邑中风景最佳处”。1952年，新中国成立后的芜湖政府在此依旧迹辟建“陶塘公园”，在1957年更名为“镜湖公园”。其湖面宽阔，占地面积约230亩，在地图上极为显眼。沿镜湖绵长的湖岸线，迎宾阁、高知园、观岚亭、步月桥、湖心岛、花鸟市场、步文亭、柳春园、游船码头、烟雨墩（即芜湖市图书馆）、书画院、尺木亭等大小景致星罗棋布，散现周边。而最引人注目的，当数处在镜湖西北角的鸠兹公园。

鸠兹公园实质上并无奇特之处——本来嘛，作为一个新世纪之初方才建成的小小休闲式广场，有什么值得关注的？但是内行人到此一看便知：这个广场从大体设计到内部细节，都可谓是芜湖人民呕心沥血的杰作。

迎面走上广场，最夺人眼球的就是广场中心处高达33米、重达95吨的青铜雕塑“鸠顶泽瑞”。芜湖于春秋时建县，因“地势低洼，鸠鸟云集”而得名“鸠兹”。当代著名美术家韩美林先生于是取芜湖古名“鸠兹”之意，以七只姿态各异的鸠鸟振翅欲飞、上托金球的造型塑成此像。底台南向面，“鸠顶泽瑞”四字方厚浑朴。全像呈现三层结构，最底层的基座处，三只神鸠略略俯下头，向前平视。长而尖锐的喙略现钩状，紧紧闭着，显出一副坚毅守护者的模样。双翅直直地向上方立起，羽簇清晰。华丽的尾羽长长地曳在身后。这三只鸠两两身躯夹缝间，三根支柱冲天而起延伸直上，交会在巨大的球状节点处。此处又环绕着三只神鸠，利爪紧紧抠住球壁，微微仰首，作欲鸣状，翅翼较下方三鸠更为舒展。三只神鸟的眼神于高空相合，那里是最硕大的鸠鸟所在。它以最不容置疑的高傲姿态，危立于塑像顶端，用高高扬起的尾羽独自承托起象征着希望的浑圆金球，光辉灿烂，肃穆端庄。七只神鸠全部羽翼翕张，飘然呈出尘之表，逸乎有凌云之范。

环绕“鸠顶泽瑞”的地面上，地砖以环形辐射状的图案铺开。环环相套。最靠内的几环地面，露出的是精致的排水设施，下面隐约可看见排列规整的喷泉口——每到节庆之夜，清澈的喷泉水会从这里激涌而出，干云直上，高低错落，异彩重重。在七色虹灯的照耀辉映中，影影绰绰，摇曳生姿。

广场北侧，钱绍武先生设计的历史文化长廊以弧状拱门的形象，勾勒出广场最靠近马路一侧的矫健轮廓。长廊由 24 根方角四棱石柱支撑，左右峙立、前后双层，撑起朴重的门顶。门顶正中，在左右各 12 根石柱分开空余出的巨大门洞正上方，朱额金字“鸠兹广场”四个隶文。前排 12 根石柱的四壁都精雕细琢，构图华美。浮雕图案荟萃鸠兹人文：欧亚人类起源的繁昌“人字洞”、西周南陵工山古铜冶、吴楚长岸之战、干将莫邪炼剑、李白与天门山、沈括与万春圩、张孝祥与镜湖，还有浆染、铁画、米市、“渡江第一船”、长江大桥等十二幅表现芜湖历史的图景深深地镌刻进了岩石之中。

再向南望，距“鸠顶泽瑞”塑像不到百步处，六根粗壮的石柱三支为伍，列成一条浅浅的弧线，环湖峻立。石柱上龙章凤篆、遍体花纹：愚公移山、夸父逐日、断织劝学、囊莹映雪、曹冲称象、张良纳履、悬梁刺股、闻鸡起舞……典故成群，历现其间。如同华表般娟丽高贵。向更南方看去，就是波光粼粼的镜湖。在四点多的早已变得橙黄色的太阳斜斜照射下，仿佛一湖打散的碎金。

广场的空地上，一群孩子带着流线型的运动头盔，护膝护肘装备齐全，欢快地踩起旱冰鞋，滚轮载着他们风一般地在广场中划过一道道光影。偶有一个不慎一跤跌倒，旁的孩子就快活地笑闹着，搭一把手，又风驰电掣地穿梭在稀落的人流里。

宋臻的世界里没有了喧嚣着穿行的路人，没有了鸣笛声不止的马路，没有了花色鸟鸣、苍树翠荫、阳光云翳……只有“鸠顶泽瑞”的一只主鸠与六只小鸠，只有弧状的环拱门廊，只有巍然的石柱，只有掩藏的喷泉，只有浩渺的镜湖。圣眼、圣婢、圣卫、圣柱、圣泉、圣水……他相信面前的一切就是答案。他激动地在宽阔的广场上放眼搜寻，在六根石柱的正中找到了如在梦境中的神情恍惚呆望周围的鲁伯。

“鲁伯，愣着干什么？我们找到了！现在才7点多呢。”

鲁伯迟钝地回过头。

“宋，本来我也是这么以为的……”

“本来？”

“不是这儿。我们又错了。”

七

我听见脚步声/预料的软皮鞋跟/

他推开门/晚风晃了煤油灯/一阵

打字机停在凶手的名称/我转身/西敏寺的夜空/开始沸腾

“这不可能……”宋臻自己都能听出自己这话说得是多么没底气。

鲁伯没回答，走近来，但并没有停在宋臻身边，而是在“鸠顶泽瑞”的基座上择块地方，吹了吹灰，沉沉坐了下去。

宋臻呆呆地看了闷坐的鲁伯一会儿，又起腰原地转动着，扫视着身边的一切。终于忍不住上前，没顾着吹什么灰，直接一屁股在鲁伯身旁坐下。也不说话，又用深陷的眼睛观看着面前的图景。沉吟着，还是开了口：“鲁伯，我还是不明白……”

“我知道……每一个景象都与密文的解读如此对应……你没看见我一开始，也是那么激动地以为找到了正确答案吗……但毕竟还是错了……”鲁伯说得上气不接下气一般，时断时续。

宋臻心里一阵烦躁：“不是这里还能是哪？你自己也看到了：这么高的对应度，还会有第二个地方么！”

“全部……似是而非……”鲁伯还是那么低沉而断断续续的颓丧腔调。

“似是而非？”宋臻怔住了。从今早破解第一条密文到现在，我们经历的“似是而非”还少吗？如此契合密文内容的鸠兹广场，到底是哪里有“似是而非”？

"这里的确有我们寻找的一切元素。可是，宋，这里也只是有这些圣器元素而已——"

"元素齐全，还不够吗?"

"当然不够。诗中描写的细节都在哪里呢?"

"细节?"

宋臻脑中又是字符飞旋。黯入晨芒……ancient wisdom……we're still climbing spiritual mountains……临渊背水……Regardless of bloodred armor……阴阳互补天地交煌……是的，他们找到了形象对应的圣器们；但是在密文的细节描述上，面对着眼前貌似最终答案的一切，他们依旧不知其所云。

"一定是我们还没仔细观察这里……"宋臻喃喃着，但他自己都不相信这句话。他们为了谨慎起见，兵分两路，绕着镜湖巡视了一大圈，柳春园、步月桥……一个都没敢轻易放过，全部观察了一遍。最终还是不约而同地达成共识：鸠兹广场的景观与密文中提及的圣器的契合度简直无与伦比——除了"圣血"这个早已被认定无实际意义的一条。两人跑得精疲力竭、满身的汗液盐渍与薄薄的衬衫黏在一起，但站在正确地点之上的喜悦冲淡了一切不快。可是现在居然——

"除了是这里，还会有哪儿!"他腾地跳起，对着鲁伯几乎吼了出来。大半天的劳碌结果居然是一次次的判断错误，这早已消磨尽了他的耐心。

鲁伯坐着纹丝不动，深深地呼吸、呼吸。眉头、嘴角、鼻翼……他脸上的肌肉怪异地抽动着，许久，才平静地开了口：

"宋，你要相信：我，比你更想找回它。"

宋臻噎在那里，呆立半天。好一会才缓过劲来，闷头闷脑又坐了回去，垂着头闭目冥想。

"另外，说一个好像不太相干的背景知识，"鲁伯嘶哑着说，"鸟类的视域几乎不用转动脖子就可以达到360度。所以——"

"Gaze，凝望，这是不可能的。"宋臻的脑袋已经乱得语无伦次了，但他很清楚他想表达什么。

渐渐昏暗下去的阳光。

鲁伯从上衣口袋里掏出折叠在一起的七张纸条，抚平，按捏着颧骨再次小声读着——尽管他俩都早已背下来了。“这里……难道……也使用了水溶墨什么的?”他自言自语道。

“像这个一样?”宋臻找出最初的那张A4纸——正是它开启了一整天谜团的序幕。鲁伯歪过头来瞅瞅，随意地“嗯哼”了一声。

这张经过水浸的A4纸已然挥发尽了水分，干燥得有点皱皱巴巴。但它上面的字迹依然清晰。七个字体各异的地支字样，五个水溶墨消退留下的空缺，黑白分明，光斑莹莹。

光斑莹莹?

宋臻确定这不会是水渍的反光。他深深地埋下身子，几乎将纸和自己的头包裹在身躯里。

“又一个花招，瑟夫。”

两人又一次站在赭山公园十二生肖雕像前时，已经是傍晚7点45分。夏日昼长，东方的灰暗天际隐约显现一钩月影；而西边，夕阳的炫目余晖即将散尽，只余几片绯红的云彩还在装腔作势地抢眼。但盛夏的树林阴翳憧憧，使得遍栽茂密树木的赭山公园里几乎一片阴暗。

没有这么阴暗的环境，还真发现不了你呢。

宋臻伸手，节奏鲜明地敲击着石蛇像的头。石蛇曲身缠在石雕的粗壮枝丫上，探出头，凶恶地半张长着利齿獠牙的嘴。在一片黑暗中，它的身躯上几处圆圆的亮斑分外显眼。荧光墨。宋臻轻咬着舌尖。

二十分钟前的“鸠顶泽瑞”基座下，布满褶皱的A4纸上，在水溶墨消退的“巳”字位置，又一个莹莹生光的“巳”字在宋臻闷身遮光营造的“人体暗室”中显现。水溶墨下还有一层荧光墨的字迹。

“有趣的设计。”宋臻恨恨地说。

“喀哒”一声，从蛇口中弹出的小纸筒证明了宋臻判断的正确。

“别的不敢说，这里面一定又是一段气死人的暗文。”宋臻没好气地说。

鲁伯躬身捡起小纸筒，拆开，掏出手机开启手电筒功能查看着。

“不幸言中啊，宋。”他语带调侃，将纸筒给了宋臻。

“只不过这次，我是没办法参与了——全是中文。”

全是中文？宋臻满腹狐疑地展开纸卷。真是不凑巧。但是……确实……

依旧是简洁的十六字：

四水归堂，众兽镇房。
穹隆星霰，椽笔是藏。

宋臻长长吐了一口气，又像是叹了一声气。

“瑟夫，原谅我也只是能认识这些字而已。但是我可以说的是，这首诗也许是到现在为止对《七宝经》所藏之处最精确的定位提示了。”

对于这第八首诗，宋臻依旧束手无策。四水归堂，江南民居，尤其是徽派建筑中的重要元素，在天井处利用向内倾侧的屋顶檐，从四面引下雨水，流入天井。众兽镇房？用兽形物事镇宅的行为，再常见不过了。宋臻今天大概是被十二生肖这个概念轰炸了一遍又一遍，现在满脑子鼠牛虎兔龙蛇。怎么可能呢？哪有一齐用上十二生肖来镇宅的。他自己都觉得有点可笑。穹隆星霰……满天星斗吗？笃信天圆地方说的古人，认为天空中高而周垂，形状如拱，故谓之穹隆。椽笔是藏？难道是说《七宝经》和一支大笔在一块？这句似乎已将位置精确至极了，但是，从没听说芜湖有什么“如椽巨笔”啊……

无限清晰的接近感……无限迷茫的陌生感……

现在困扰两人的问题又多了起来。除去七首——不，已经是八首了——密文诗的隐晦含义难以解读以外，宋臻还很想知道：为什么偏偏是“巳”用荧光墨书写了？石蛇像身上的墨色亮斑到底是什么含义？他相信这位强大的对手这么做不会是无意为之——他们现在甚至对之前“圣血诗无实际含义”的判断都产生了怀疑。

不过，至少这张纸条的出现否定了之前有关鸠兹广场的幻想。

“你不觉得……这斑点很像是星文图吗？”鲁伯迟疑地说。

星文图？的确有点……宋臻两眼死死盯着蛇像，眸子里几乎都泛着荧光。刚一看见这斑点连缀的景象，他脑中也闪过这个念头。果真如此的话，这对手真是要命——图腾文化、古汉字、诗文、加密、波段干扰、摩尔斯电码、机械改造……有没有他不懂的学问啊？现在还要来个天文学？

“如果真是星象图，那就真没辙了。我可不懂天文。”宋臻焦虑地思索，或不如说是在祈祷。

突然，一个人影划过脑海：“等等……他懂——”

“对对，不就是因为想到你懂星象嘛。”宋臻急促地将整个事件以尽可能简要的语言描述给陈宪听，“我们现在就在那个亮斑蛇像旁边。你能不能尽快过来一趟看看？嗯，对，就在赭山公园。咦？你不是在安师大吗？不就在赭山公园旁边十几二十分钟的路吗——什么！你是在新校区？我一直以为——”

鲁伯虽然听不懂中文，但还是能看出宋臻捏着手机呆住了。

“新……新校区在哪？”宋臻问得有气无力。他知道现在大学的新校区，基本都是在郊区地带，距离他现在所处的市中心，至少有四五十分钟的车程。

电话那头的陈宪沉吟半晌：“宋臻，你用手机把石蛇拍下来，打车到我这来吧。好歹我这有个图书馆的大数据库，我就不信查不出你那个密文里有什么线索——总比你们俩在那光凭脑子冥思苦想要好。”

“真的行吗？”鲁伯弯腰钻进出租车时，还是不太放心地问了一句。毕竟现在距离夜晚 11 点只有不到三小时的时间了。

“放心吧。他是星象迷。更何况还是安徽师范大学的图书馆馆长。那图书馆还是全国古籍重点保护单位，里面珍品不少。”宋臻塌进硌人的后座软垫里，拿出刚刚拍下石蛇像照片的手机给老朋友打电话。怎么芜湖的出租车这么难叫到。他愤愤地在心头埋怨。为了拦一辆出租车，他们耗费了将近十分钟。这简直不可容忍。

“安师大南校区——呃，花津校区，哎呀，总之新校区就对了。”宋臻脑袋里一团乱麻。司机师傅皱着眉点点头，狠狠吸了最后一口烟，把烟蒂往窗外一抛，拉档，给油，驶进密密麻麻的车流中。

“师傅，麻烦开快一点。”

“没办法哦。”司机撇着浓重的芜湖方言拖尾音，“老警查得越来越紧了。我能开快还不开快嘛？我也想早点把你送到，再拉下一个，哈对？”

宋臻没话说了，嘴里应着“是啊是啊”，默默地瘫在靠背上。

司机说得没错，今天傍晚路上交警特别多——实际上，今天一整天都如此。“什么日子啊。”宋臻掏出手机刚想看时间，猛然醒悟：5 月 3 号，“五一”小长假最后一天，学生们都从家往学校赶呢。对啊，这不也正是借着假期，省博物馆才举办鲁伯的藏品展览吗？

车行一路堵塞。宋臻估摸着孩子们都是在家赖到最后一刻才不情不愿地赶往学校的。于是，本就需耗时将近四十分钟的车程，硬是给堵成了一小时出头——两人干着急，愤恨地捶着坐垫，只能不断地继续研读密文，祈祷能突有收获。

夜21点52分。

还没下车，宋臻就认出了站在安师大新校区大门口的陈宪。他显得比鲁伯和宋臻都焦急，小跑过来结了车钱。

“老陈，真是要麻烦——”宋臻下车，掸掸袖口和衣领。

“现在不多说了，我看看，什么密文？”陈宪拍了一把宋臻的肩头，探过身与鲁伯握手。宋臻把密文分成两批递过去：“这是从七个石像中取出的第一批密文，这一张是刚刚在那个蛇像里取到的，这个是在公园里接收到的摩尔斯电码的信息。哦，还有这个，刚下火车就接到的。”他递去A4纸，“五个空档是用水溶墨书写的地支，但是，喏，这个在水溶墨下面还有一层荧光墨。”漆黑的夜色中，尽管有街灯照耀，荧光墨迹还是更加清晰了。

“如果我没猜错，”审视着A4纸和摩尔斯电码信息还没两分钟，陈宪就开口了，“你们取出前七张纸条的顺序是不是：丑、申、寅、亥、午、子、卯？”

“没错。字形出现的时间先后顺序。等一下——”宋臻突然有点奇怪：据他所知，学西方文学出身的陈宪并不会如此了解汉字字形的演变史。

“字形？”陈宪也愣了一下，“你是这样推理的吗？看来我瞎猫撞上死耗子了——我说的顺序是圆明园十二兽首中已经回归的那七个的归国时间顺序。”

宋臻惊呆了。

没错：2000年，牛首、猴首、虎首先后被从佳士得、苏富比拍卖行拍回；2003年、2007年，何鸿燊两度出手，斥巨资救回猪首、马首；而在2013年4月26日，法国皮诺家族宣布无偿捐回鼠首、兔首。这顺序与字形演变体现的顺序竟不谋而合。作为深谙史事的宋臻，竟然没能看出这一层关系。而且，经他这一提醒，宋臻猛然想起：圆明园内十二生肖像的站位，恰好也是呈“八”字形，分列两边——与赭山公园里的景象何其相似！

——所以是不是可以说，对手已经给了他们足够多的提示？宋臻懊丧地想敲脑袋。

“这密文……咳，我的古文功底真是一团糟；英文倒是不成问题，但是它的含义……”陈宪挥挥手，“来来，先往我办公室走吧。”宋臻和鲁伯跟上步伐，向大门内走进去。“另外，老宋，你拍的照片拿来我看看。”宋臻掏出手机，翻到那张照片。陈宪锁着眉头将图片放大，拖动着观察：“啧，这拍摄角度不知道会不会对判断有什么影响。但是就这张图来看，有这么两种比较形似的可能：大犬座、室女座，不过，在蛇身上画图，有没有可能是长蛇座或是巨蛇座?”面对着对于星象一窍不通的宋臻和鲁伯，陈宪更像在自言自语，“从形象上讲，长蛇座不太像，这倒有点像巨蛇座和蛇夫座的结合体图案。不过现在是五月份，巨蛇座最佳观测时间在七月、长蛇是四月，大犬更离谱：十一月；室女座倒是正好在五月——但是话说回来，就算是其中某一个星座，这跟找到《七宝经》有关系吗?”

宋臻也对这个“提示”的用意迷惑不解。他和鲁伯只是相信这荧光图案必定不是无心为之。

夜色中的安师大，能清楚地听见起伏错落的虫鸣，偶见三三两两的学生交谈着路过。高处探着脑袋的路灯散发着略带昏黄的光，洒在少人的小径上，拉出几条长长的人影。影子一耸一耸地，向前行的方向拱动着。

宋臻他们穿过西大门的电动伸缩门，一路向东走去。迎门处一片接一片的花坛。右手边，是一块裸露着泥土的草地，上面整齐地栽着一排排细小的树苗，一个个都营养不良似的病恹恹立着。“三月学雷锋时拉孩子们种的。”陈宪简单地说，马不停蹄地向前走。再往前，第三个十字路口交叉处，一块硕大的米黄色石头垛在草坪里，上面红漆书着“千教万教教人求真，千学万学学做真人”。“老毕业生校庆时送的。前面还有呢。”陈宪手略指一指，便走过去。热爱石头的鲁伯慢下脚步看了一眼，觉得造型也无甚可取之处，复又向前去了。“这一片是公用教学楼。”陈宪向右边举了一下手，“总共七幢。这个是 2008 年校庆 80 周年时老校友捐的一个石雕，下面这块板上刻的是其中一个叫韦季杨的写的《华雕记》。”陈宪终于第一次停下脚步，略带骄傲地介绍着这个雕塑作品。雕像塑造的是一男一女两个青年的形象。斜挎着的背包表明了“他们”学生的身份。身躯高大的“他们”昂首挺胸，器宇轩昂，齐齐向东北方眺望着。“刀法挺古朴的。”宋臻对鲁伯说。鲁伯赞同地颔首。“我们先快点走吧。以后有机会再细看。”陈宪催促着，踏上一座白桥，往东北方向走去，“下面的河水就是花津河，这也是花津校区得名的缘由。”三人疾步行进在曲折的白桥上。“左边这个红的雕塑——看见没？这个角度看得不太清楚。这个也算新区一景，是一群运动的人像剪影。”陈宪嘴不停脚不停。

“这就是新区的图书馆吗？”宋臻望着面前那幢规模宏伟的建筑，有点惊喜，“很漂亮啊。”

“对，这就是新区的敬文图书馆。教育慈善家朱敬文先生捐建，2007 年落成的。现在安师大的珍品藏书，像《洪武正韵》、元刻本《春秋胡氏传》、嘉靖刻本《李太白全集》《杜工部集》什么的都从老校区转移过来保护了。”说到书籍，陈宪顿时骄傲起来。

“这样么……”宋臻痴痴地听着。

“其实这个点儿，图书馆已经下班了。”陈宪边走边说。

“那、那怎么办？”

“我是馆长，你说怎么办？”

“太麻烦你了……”

“哎呀，你别来这套啊。”陈宪佯装不满地瞪宋臻一眼，宋臻哈哈大笑。

尽管时间已是夜里十时许，灯火通明的晚自习教室和十步一现的柱状路灯，依旧将图书馆及其周围照耀得灿烂辉煌。像是纵横交错的几何图形组成的敬文图书馆，通体映出湖青色的微光。它全楼共 7 层，大体上呈正十字形的俯景，大楼的最顶端，冒出四个像是镂空的框架式附件。“这是起什么作用？”鲁伯指着它们，好奇地随口问道。

“这个吗?”陈宪瞄一眼鲁伯手指的方向，就明白他在问什么，“每个初次来的人都搞不懂这是干什么用的——四个镂空的小鬏鬏儿。我每次就简单地解释说是‘美观起见’，哈哈。”

美观起见，又来了。宋臻撇撇嘴，想起了世纪花钟。

“——不过实际上并没那么简单：作为图书馆，都想着书防火烧。”三人已快步走上图书馆东面的台阶。陈宪走在最前面，数着钥匙准备开锁，接着说道：“像宁波的古藏书楼天一阁，就取‘天一生水’的寓意，以水熄火，保护藏书。所以我们这也是代表着徽派建筑中的一个重要元素——”

“四水归堂!”

“咳，在省博馆长面前，我班门弄斧了啊。”

宋臻已经无心听什么赞美了，他脑袋里忽然拥挤得像要崩裂一般。难道……难道……

四水归堂……等等……刚才那——

宋臻迅速转身，疾步下阶梯。刚跑下五六级，他就手脚并用地爬上阶梯旁高耸的花坛，看见了让他心脏几乎停跳的景象——

远远的西南方向，白桥的尽头，两个高大灰暗的人形影子立着。借着微弱的路灯光线，宋臻能清楚地看见“他们”的面容——那两个“学生”，用充满对知识的渴求和对未来的希冀的眼神，深情地向图书馆凝望过来。

“天哪。”鲁伯走到宋臻身后，显然也看见了这一景象的他屏住了呼吸，“这……不会就是——”

“圣眸贵韵，清净端庄；深情凝望，无上荣光。”圣眼诗仿佛是从宋臻口中自由地流淌。

宋臻机械地将视线向右偏转，清澈的花津河宁静地在白桥下漾着涟漪。

“清流渺渺，岁月汤汤；涵泽天智，积聚蕴藏。”

“它滋养着人类最伟大的智慧殿堂——大学、图书馆。”

花津河对岸，与学生石像隔街相望，是一个略显低平的雕塑。

上面镂刻着明快的花纹图形：奥运五环、飞奔中的人像剪影、优美的体操动作、挥拍击球的矫健身姿……它的更前方，是一潭暗黑的池水。那个方向的灯照较强，宋臻可以清楚地辨别出这雕塑血红的色泽，和它背向图书馆方向的圆弧形状。

“拱合护卫，决毅如钢；临渊背水，血染胄裳。”

“圣柱……圣柱在哪里……”宋臻呼吸急促。

“如果我没猜错的话——”鲁伯朝面前划动了一下手臂。

宋臻立刻明白了。没错。

无法计数的路灯，四棱柱形的路灯，像忠诚的卫兵，排列井然，在图书馆周围的空旷场地上，十步一哨，辉映夜空。

“光明危柱，黯入晨芒——白天的阳光下，路灯会隐藏它的光亮；忠贞守障，魂憩道场——图书馆，就是最神圣的 culture shrine（文化圣地）!”

“老宋，我不知道这是不是对你们有帮助，但是你看那里——”陈宪手指东方的星空，“那就是室女座。”

宋臻回过神来，扭头顺着陈宪的指向望向正东面的天宇。那里，数不清的星星亮暗参差，点缀着幽蓝的夜空。陈宪的手指以天幕为画布，有节奏地勾画连缀着，宋臻和鲁伯很快清楚地辨认出了庞大的室女星座。

“我想这与《七宝经》倒是没什么……”

“我不知道你在听完我的介绍后会不会改变想法。”陈宪说。鲁伯一愣，安静下来洗耳恭听。“室女座，拉丁名 Virgo，衍生了英文中的 virgin（处女）；而在古英语和诗文中，室女座有另外一种表述：maid。”

鲁伯瞪圆了眼睛，嘴巴几乎合不上。

“Maid——女仆。”宋臻大着舌头，呆呆地说出这个词的现代含义。

“圣……婢?”鲁伯也惊呆了。

“再补充一句：‘生肖’的英文是 zodiac……”陈宪缓缓道。

“这不是……黄道十二宫?”宋臻震惊。

“是的。他们的英文相同。室女座是黄道十二宫的第六宫，而蛇在十二生肖里……”

“也是第六。”宋臻脱口而出，“可是，慢着，Light and shade principle of the universe shine upon each other，这句细节怎么解释?”宋臻质疑道。

鲁伯目瞪口呆地扯了扯宋臻的袖子。宋臻不解地沿鲁伯手指俯视向图书馆前广场的地面：25 块特制的地砖铺成5 乘5 的方阵。这些地砖之所以显眼，是因为它们发着彩色的光。

“那是我们铺的彩光地砖。”陈宪介绍，“上面打出用透光橡胶填塞的洞，所以下面装的彩灯能透过光来。呃……有不少已经老化坏掉了……”

宋臻简直不敢相信这只是“老化坏掉”这么简单。这未免也太巧合了——他惊讶地俯瞰着它们，猛地抬头望天，又望向地面——

坏掉的几块彩灯地砖在5 乘5 的方阵中，连缀成了一个熟悉的图形，和天空中的室女座构图如出一辙。

这不可能。

可它就实实在在地出现在眼前。

“阴阳互补，天地交煌。”

宋臻一阵眩晕，他好容易才支撑住：“老陈，你们这儿，有、有喷泉么?”

陈宪带着他俩沿着穿过图书馆的一条红色地砖铺就的中轴线向东边走去。“那边是学校东大门。”他指道，“门口石头上还刻着校训呢，‘厚德、重教、博学、笃行’八个字。不到门口的地方就是喷泉。”

宋臻不知自己是期待还是想逃避，双脚只是机械地向前迈进。忙活一天，竟然会在……

“老宋，我问你，”陈宪边走边说，“看你们现在的意思，难道，该不会是……”

宋臻没说话，但能感觉到自己的脑袋微微上下振动着。

陈宪的脸像是瞬间瘫痪了一样。

红色中轴线地砖在一个升旗台和大块的花坛处中断了。三人从花坛边绕了过去，又见到了笔直的地砖线。它将他们引向喷泉区，再次中断，越过喷泉，继续向校门延去。

金属制的喷泉口隐在地下，安安静静地反射着微光。奇怪的是，泉下传来阵阵大声且杂乱的聒噪。

“咕咕——呱！咕呱咕咕——”

“青蛙的叫声。”鲁伯恍然大悟，“真是神奇。At noisy nights, we’re still climbing spiritual mountains，蛙鸣喧闹中的书声琅琅。”

宋臻却没有再注意喷泉，他望向图书馆。从那里延伸的中轴线，血红的轴线。中断，又延续。他喃喃低语。

他猛然回身。血红的中轴线、几经断续的中轴线在他的眼里似乎活了起来，它从图书馆的方向奔驰而来，在地平线上有力地跃动着，灼热的鲜血贯穿其间，翻滚、激撞、冲涌、沸腾。

每一首密文诗都有它的意义。

宋臻沿着中轴线继续向东。

他几乎小跑起来。

它停在了校门口的石碑处。他也停在那里。

石碑上的确是八个暗红色大字：“厚德、重教、博学、笃行。”但中轴线并非正好指在八个字正中间的空当上——准确地说，是那八个字的位置本身就向右侧偏移了一截。

中轴线端端正正地停在其中一个字上——“教”。

“孝——文。”宋臻默念。

“相承血脉，直贯东方；嘉名镌洗，延断何妨。”

天旋地转。

宋臻感到五千年的历史潮水般铺天盖地地涌来，拍打着他，荡涤着他。水光潋滟，浪花飞溅。

夜，10 点 34 分。

亮着应急照明灯的敬文图书馆二楼大厅正中心。

宋臻和鲁伯站在中央天井处仰望。他们头顶上方，是一块半球形的玻璃罩。他们的目光透过穹顶式的玻璃天井屋顶，投向深蓝色的、布满星辰的夜空，如醉如痴。象征“四水归堂”的四个镂空式装饰，分别在天井顶的东南、西南、东北、西北四个方位耸立。

大厅西面，一块厚重的铜制照壁掩住后面的清净空间。“中国建筑又一重要元素，用来辟邪挡鬼，阻拦视线，不让‘开门见山’的。”宋臻向鲁伯简介道。陈宪带领他们绕过照壁，转向左边的墙面，十二块黄澄澄的铜板浮雕，各凸显着一个生肖的形象。

“四水归堂，众兽镇房。穹隆星霰……”

“椽笔是藏。”

三人静默无言，向左转过身。

照壁的正后方，光洁的木质台案上，一只金光闪闪的巨手，斜握着一只粗大的、鎏金抹漆的华贵钢笔。

“镇馆雕塑：大手笔。”陈宪轻声说。

在空旷静谧的图书馆，这轻轻的话语也足以振聋发聩。

5 月 4 日上午 7 点 51 分，浦东国际机场飞往英国格林尼治的航班的一等舱里，鲁伯轻轻地打着鼾。他的大衣左内袋里放着两张叠得整整齐齐的国际托运单据，办理日期分别是 2013 年 4 月 29 日和 5 月 4 日。两张单据的货品列表，正好相差一行。

九个小时前。敬文图书馆馆长办公室。

“没错，就是它！”宋臻和鲁伯放下放大镜，异口同声。

“恭喜了，鲁伯。”宋臻看着鲁伯欣喜地卷起完好无损的帛书，小心地放进锦囊。他嘴上虽这么说，却不知这句恭贺有几分真心——他突然希望《佛说轮王七宝经》没有在子时前被找到，这样，它就会留在中国的土地上。

“宋，收下吧。”鲁伯双手将锦囊递向宋臻。

宋臻和陈宪讶然。

“自从我同意玩这个寻宝游戏之时，我就决定了：找到它，然后将它留在中国。”鲁伯并不像在开玩笑。

“可是，这是你家族里传了四代的——”

“它在中国又传承了多少代呢？”鲁伯打断他，“宋，我明白国宝级的东西对于一个民族的重要性。只要一个民族还有属于自己的文明、还有文明的载体，这个民族就会永远屹立于世界上。英法联军火烧圆明园，是我们的先人一时野蛮犯下的错；我的任务，就是重塑盎格鲁·撒克逊民族文明人的形象。”

宋臻站在那里，不知说什么好。

“快点啊，我手都举酸了。”鲁伯嚷着。

宋臻禁不住，疲惫地笑了，双手接过了轻软的锦囊，却感觉有千钧之重。

尾 声

在胸口绽放/艳丽的死亡/我品尝/这最后一口/甜美的真相
微笑想/正义只是安静地伸张
提琴在泰晤士——

“爸，你真神。”

“少跟我嘻嘻哈哈的。你害得我一天没睡觉！”宋臻趴在沙发上捶着腰，假装怒气冲冲地对着电话听筒吼。

“你怎么知道是我……”

“看到摩尔斯电码我就在猜是不是你——我说你小子学那么多门学问，这回全用上了是吧？要整死你爸啊？你鲁伯叔叔还教过你英语呢，这回教会徒弟，饿死师傅了是吧？”

电话那头一阵沉寂。

“喂喂，你又把听筒撂一边了是吧？”

“没有。”宋华骏的声音再次响起，只是比以往更加成熟坚毅，“爸，我只是作为一个中国人，不愿看到自己民族的珍宝流失于海外，而是想尽自己的努力取回国宝。即便对方是我的忘年挚交——”

“哎呀，好了好了。”宋臻急躁地打断儿子的话，“别叨叨民族大义了，我比你懂民族大义。”他顿了顿，又开口了：

“小兔崽子你听好了，我现在问你几个事：第一，你怎么造出来那么多谜语的？第二，你之前怎么劝服鲁伯放弃带走《七宝经》的？你到底跟他说什么了——用你那个英不英、美不美的还带法国味的英语？第三，你怎么想起来把东西放在安师大的？你什么时候这么了解芜湖了？”

电话那头的华骏狡黠地笑了：“爸啊，哈哈哈，这些嘛，哈哈哈，恕我——”

“算了，这些你不说没关系。”宋臻恼怒地对着空气一挥手，“但下面这个问题你必须回答！”

“什么问题啊？”

宋臻翻身从沙发上坐起，压低嗓音吼着：“安师大图书馆门口，地砖下面那些灯，是不是你捣鼓坏的？说！”

【作者按：文中有关人物和故事均为虚构，与真实人物、地点和事件无任何对应关系。】

轮　回

王嘉馨

2011级　汉语言文学

树暖花斓，老三家门前的一株桑树首先嗅到春天靠近的步伐，一马当先地冒出一枝新叶，即使孤独也毫无惧色。

那一束新叶碧得通透，在光的另一面，能看清根根分明的骨骼，稍一摆动，便摇醒了整个春天。

桑的旁边是二乔玉兰，细细的枝干上没有一片叶子，承了一个冬天的雨全掉落了。而此时，她抖擞精神，结出满树花苞，每一朵都挺直了身子向上，去接近最热烈的阳光。不过，依然没有叶子，像极了传说中的彼岸花。纤长的枝丫向四周舒展着，伸个懒腰，及时苏醒。

老三叼着旱烟，扛着锄头上田里去。多年不变的阳光笼罩着老三光秃秃的头顶，他惬意地哼着小调。

他回头向家望去，略显破败的自己的土坯房。掂量着，这一季的收成再合计合计，能修修这破屋，体面点儿，给儿子把婚事办了。

门前的桑树微微摇晃着零星的嫩叶，衬着老屋，目送老三离去。

晚上，老三仰面躺在床上，莫名地生出一种不安，心里闷得发慌。

他翻身下床，拖着布鞋，走出家门。

没有月光的晚上更显几分凉意，远处的群山隐藏在一片阴霾中，压抑得可怕。庄稼地里偶尔亮起几点火光，许是顽皮的飞虫。庄稼人都睡得早，家家户户都早早熄了灯，只有磨牙声与低喃。

老三扶着桑树，并不觉那树皮有多糙手。因为皮肤的质感可能比树皮还要粗糙了。树影在风中被吹散，斑驳着遮盖住老三嶙峋的身子。

透过树枝的间隙向上看，是被割破的黑麻布似的夜空，云层很厚，只能辨别出模糊的轮廓。偶尔有不知何故被惊醒的鸟儿扑棱着翅膀飞上去，然后隐匿不见。

阳春既逝，夏味渐浓。

玉兰的花苞全舒展开了，从花茎到花尖渐变的粉色耀射在眼里，圣洁而不容侵犯。绿叶也小心翼翼地探出了头，盘算着花期还有多长，就好轮到自己占领整片树干。稍一有风吹草动，那花瓣就不争气地飘落几片，落在黄土地上，迅速被泥土沾染，气质如落魄贵族。

倒是桑树越发茂密了，手掌大的叶子不知何时织成一件密匝匝的绿衣，披覆在柔弱的枝干上。

老三被儿子抬出了老屋，搭上进城的班车，直达医院。

天高云淡，空气里满是收获的跃动。

玉兰那似极了小船的叶儿一点点染上了庄稼的金黄，满树枯叶，静立着，偶尔掉落几片叶子，融进大地的颜色里，辨不出谁是谁的叶，谁是谁的根。

老三的儿子提着斧头站在桑树前，有枯萎的桑叶落下。落在脚边，落在头顶，无声无息。

他在树干上摸索着，越过那沟沟壑壑的纹路，就像是父亲苍老的皮肤。

他举起斧头，狠狠向下砍去，骂道："桑树，丧树！"

北风凛凛而过，光秃秃的玉兰瑟瑟发抖。老屋里早已断绝了炊火，尘埃与冷寂吞噬着玉兰萧索的枝干。不远处，是一截低矮的桑树桩。

一张假币的生平所见所闻

安雪梅

2012级　对外汉语

我？

叫什么？

“红色的”“票票”“毛主席”……都是我的昵称。当然，我还有一个学名叫“人民币”。

我虽没有腿，却时刻在旅行。沿途的风景犹如被放映的影片，一幕幕闪过，从未停下脚步来欣赏过的我，只有很少的时候才会在某个人的手里稍事休息。休息完了，就会有新的人，带我走上另一段旅程……

在我出生的时候，我和我的兄弟姐妹们被放在一个大箱子里，并在箱子里度过了漫长而又黑暗的婴儿期。终于有一天，箱子被打开了，出现在我们上方的是刺眼的灯光和人的影子。我们的身体沐浴在这刺目金黄的灯光中，新生的皮肤瞬间变得粉嫩晶莹，闪着点点星光。然后，我听见：

“嗯，货色不错。”

“说好的，一口价，一百换一千。”

“成交。”

随后，箱子再次被合上，我看不见外面发生着什么，只能依稀听见杂乱的脚步声和箱子碰撞的声音。在箱子里，我被摇得晕头转向，差点就吐了出来。过了许久，这种过山车般的运动终于停止了，而我再一次陷入了长眠。

我是被一束强烈的紫色光给刺醒的，这紫色强光让我非常难受，几乎灼伤我的皮肤。正当我难受之际，我的脸上有了水润的感觉，待我仔细一瞧，吓了一跳，我的妈呀，原来我是被人强吻了啊！只听那人还美滋滋地说："真是好货，连印钞机都能躲过，这下发财了！"我还没来得及琢磨他的话是什么意思，就又被结实地亲了几口，最终，我受不了这被强吻的沉重打击和那人浓郁的口气，华丽丽地晕倒了。

再次清醒，是因为嘈杂的声音。我似乎置身在了一个菜市场，因为周围充斥着各种家禽和河鲜的气味，当然还有必不可少的杀价的声音：

"一百五，把零头砍掉吧，就五块钱！"

"不行不行，不能做亏本买卖，必须一百五十五。"

"那这样，我再买点儿，你一共收我一百八，行不？"

"那，就这样，你要不要再看看这个，好吃又便宜……"

……

就这样，最后，我被菜市场的大婶放在口袋里带回了家。然后，连同着衣服一起被扔进了水桶。人类都说，泡澡很舒服，依我看，都是骗人的。这水泡得我全身发胀，皮肤更是要裂开似的。当天晚上，那位大婶发出了一声惨绝人寰的尖叫，吓得我不由一阵一阵地哆嗦。只听大婶抽噎着说道："怎么忘记把钱掏出来就泡衣服！只是泡了水，这张一百的就要烂了，一定是假钱啊！"我不知道，什么是假钱，但从大婶愤恨的声音来判断，这假钱必定不是什么好东西。突然，大婶狠狠地把我扭成一团，我顿时万分惊恐，生怕她一个冲动就撕碎了我。此刻，我才后知后觉，原来我就是那个惹她生气的假币。大婶的手越握越紧，我的呼吸也越来越不畅，窒息感一阵比一阵强烈。正当我以为自己就快身亡，为自己如此英年早逝而悲哀不平时，大婶的手竟然松了！她甚至还轻轻地铺平了我被扭皱的身体，并擦干了我身上的水渍。大婶前后态度的转变，又大又快，使我一时间不能接受以至于不得不去怀疑，那大婶是不是精神分裂。之后的几天，我都被夹在两片透明玻璃板中享受着舒服的日光浴，很快地，我的身体逐渐复原，虽然，不复有曾经的美丽，但是基本样貌还是没有变的。

我以为，我可以一直过着这少爷一般的生活了，但是，显然，我想错了。

还记得那天，我被从玻璃板中拿出，又被带到了菜市场，然后，我就换了主人。在我被递走的那一刻，大婶发出了比平时卖出东西时要开心百倍的笑声。

之后很长的一段时间里，我兜兜转转换了好几个主人，有普通小贩，也有富豪大老板；有奋斗的小青年，也有败家的富二代；有男也有女，有老也有少，形形色色。托这些人的福，我有幸去过很多地方，热闹的街摊，喧闹的酒吧，狭窄的小平房，豪华的大别墅……同时，我还看见了发生在他们身上的事。例如，卖苹果的小贩在秤的托盘下加了块很薄的吸铁石，腆着肚子的大老板在灯红酒绿的夜总会包厢里抱着一个艳丽的妙龄女郎喝酒；奋斗青年用手帕把我裹了一层又一层；富二代差点用我来点烟。有了这些经历和见识，此时的我早已不再是当初那个“初出茅庐”的青葱少年。在我刚刚离开菜市场大婶来到我的第二任主人家里时，我从一种叫做“电视机”的机器里看见了我的兄弟姐妹们。他们被堆在一起，四周围了很多人，依稀说着什么“杜绝假币”之类的话。“电视机”说：“日前，警方破获了一起贩卖假币案，犯罪嫌疑人已被捉拿归案。”我看见了那个强吻我的人，他的手上戴着铁制圆环，被警察押着上了警车。彼时，我才渐渐明白了自己的身份，清楚了自己的定位，我是一张假币，我不是好东西，我是不容于世的。于是，我慢慢学会了掩藏自己的真实身份，所幸，我的掩藏很成功，除了那位大婶外，至今再无其他人发现我的身份。

夜已深沉。本来，我正躺在现任主人的钱包里睡觉养神，却被一阵阵不正常的碰撞声吵醒。我屏气仔细听着外面的动静：

“快看，这里有钱包，里面还有不少钱！”

“嘘——声音小点儿，再找几个值钱的东西赶紧走！”

原来是小偷，我吓了一跳。

一阵天旋地转，我被其中一个人从钱包里抽了出来，放进了他的口袋。片刻翻找的声音后，我听见一人说：

“钱包里不是有500块么？怎么变少了？”

“是你看错了。”

“是不是你偷拿了？”

“我没有，是你看错了！”

“老子才不会看错，就是你拿了，你想独吞！”

……

他们越吵越激烈，声音也越来越大。突然，屋里的灯亮了，同时屋内冲进来几个警察。

“不许动！”

我只清楚地听到了这三个字，然后就只有混乱成一片的撞击声，脚步声，还有叫喊声。许久，我被人从口袋里取出，是警察，原来是警察到了。拿着我的那个警察对自己旁边的人说：“分赃不均，闹出了动静，结果被屋主发现悄悄报了案。你看这钱，摸着怪不舒服，我估计是假币，带回去作物证。”我心中惊恐：糟糕，被发现了。

我绞尽脑汁地想办法逃脱，于是趁人不备，借着空调的风力躲到了沙发下面。等了许久许久，外面的世界终于安静，我深觉这里不是我的久留之地，要赶紧离开，我溜了出来。正当我为自己获得自由而想要欢呼雀跃时，突然有人拎起了我。

“今天运气真好，出门就捡百元大钞！”那人欢快地说着，我却泪流满面。

我知道，我的新一段旅程又开始了。陷入沉睡前，我默默想着，但愿来世做一张堂堂正正的人民币，不必再过这种担惊受怕的日子。

这一次又会是谁？

葛坞人家

曹　洁

2011 级　汉语言文学

黄山在安徽的南方。再往南，和江西相连的地方，有一个小小的山村，名叫葛坞。

为什么叫葛坞呢？因为这里的葛出奇多。山旁涧边，不经意地一瞥，袅袅娜娜、毛茸茸的葛藤就能绕进眼帘。在过去，人们走在去菜地或是茶园的路上，顺着葛藤挖出沾满泥土的根，就在溪水里洗洗直接吃。更多的时候，是把根带回家，洗净去皮，打成奶白奶白的浆，晒干打碎后，用开水冲出来喝，它可是清凉祛火的佳品。

村庄隐藏在不是很高的连绵的山里。路过那儿，不注意的话，很容易错过那条蜿蜒着通往村庄的小路，更不会知道散落在这个山村里的人和事。

山里人总是靠着勤劳和顺从得到山神的庇护与恩泽。他们靠山吃饭，很少有外出打工的。过去兴做木工，家家门前摆着一条面子磨得光溜溜的长板凳，凳上躺着段木材，摆着衡量用的墨绳与悬垂，男人们在木材上量画好后，直接骑坐在长条凳上压稳木材，再拿刨子在初成型的木材面上轻推、打磨，不时拿开刨子对着木材的一端定几眼以保持一定的周整。不一会儿，蓬松的刨花就渐渐堆落在凳脚边，发出淡淡的树脂特有的香味。不出几天，八仙桌或是梯子的形状，就慢慢出来了。现在，那已成为少数人家填补农闲的事情。就算不做木工，他们也不干坐在那儿，时不时会扛着锄头、戴着草帽，轻快地迈着步子，到菜园除除草，眯着眼睛指给过路的邻里看自己种的隐在浓密叶片下的绿油油的小南瓜；或是上山捡几捆烧土灶用的木柴；或是深一脚浅一脚，信步踱往小路的尽头，看看自己养的鱼，鱼儿瞧上去又大了一点儿。好像没有什么可烦忧的。

顺着扭来扭去、护着溪流的小路一直往里走，远远的，可以看见一间青灰色的石屋。走近了，窗子只遗留下几根信手可以拿下来的木条，也灰蒙蒙的。乡人一直叫它老爷庙，过去应该是用来供奉土地老爷的。小路从老爷庙这儿岔开成两条。往左边那条走，有一棵很大的桂花树，树边住着一户人家，有祖孙三人。

从那棵桂花树边往里看，一眼就能望见堂屋正对门的墙上挂着男主人结婚时亲戚送来的字画牌，上面装裱着炫目的龙凤戏珠图案和“百年好合”四个金闪闪的大字。堂屋两侧是卧房，男主人的母亲住右边，他们父子住左边。老母亲年逾九十，过去是外地人家的童养媳，后来逃到这儿结婚生子。近些年她的腿脚不大灵便了，就佝着背，坐在门前的小竹椅上，缩着脸颊抽旱烟。时不时可以看见她装烟丝的熟稔动作——把烟窝往蓝布袋子里一送，挑一下，再隔着袋子用手往烟窝里压一压，轻抽出烟杆，虽然手不停地抖，烟丝还是满满挤在里面了。她这一坐就是半天，也不知道她在想些什么。最近，老人渐渐糊涂了，一次又一次地悄悄跑到邻居的家里，对着另一位白发苍苍的爷爷说他家奶奶偷她的衣服、被子和地里长势并不好的辣椒。开始，邻家的奶奶还很生气，后来就不计较了。再后来，她连烟也不抽了，只还坐在那儿，习惯性地缩着脸颊抿一抿嘴，眼神呆呆的，看一看偶尔从桂花树下经过的两只挪着身子、摆着尾尖的麻鸭，看它们到溪里洗澡、觅食。

过去，老人身边总是有个小男孩在家里到处忙活，和他爸爸一样，瘦黑瘦黑的。男孩总穿着一身白衬衫和带着点褶子、洗得泛白的灰裤子，裤脚和袖口一直是挽着的。直直的头发下，闪着一双带着心事的大眼睛。有时候，也像他奶奶后来那样，远远地对着老爷庙出神，唯独在同龄人面前会表现出一点应有的快乐。

男主人有一头贴着头皮的卷发，就像是被太阳烤出来的。农闲时会做一些棒槌和梯子，推着独轮车到县城去卖，或是酿一大缸米酒，天天舀出来喝。因为对老母亲格外孝顺，自己的儿子又只干活不出声，祖孙三人生活得也很宁静。

他平时很沉默，只在醉酒后骂人。骂人的声音很大，邻居们都能听见，也无非就是那句：“跑了好啊，最好不要再让我看见!”村里人可怜男孩，对他的老婆跑了也并不感到意外。在男孩八九岁的时候，他的母亲再也忍受不了家里的一切，婆婆没有休止的辱骂，丈夫没来由的殴打，孩子再难以割舍，她还是走了。妈妈在外面过得好不好，是男孩最想问的。揣着步行十二里到县城卖生姜攒下的两百块钱，他就在十五岁的那一天搭火车只身去了上海，试图找到印象中的母亲，可茫茫人海，凭着风一样缥缈的消息，找到她谈何容易？只得灰溜溜地回来。后来，男孩就拖着这份牵挂到县城打工去了。

奶奶离世后，只剩下他爸爸还住在老房子里。男主人会时不时跑到邻家炫耀一下自己手里的牛奶、桂圆，说是儿子给自己买的。不过他还是天天喝酒，只不过把三顿饭都搬出来吃了，几个盛着菜和酒的大蓝边碗都端到门外的椅子上，坐在正对家门的小凳上，边吃边喝，还不忘瞟一眼邻家聚在一起啄食的公鸡和它的妻妾们，抑或伸着头望一望灰灰的老爷庙，要不然就呆看着家里闪得刺眼的大字。

今年过年，这户人家的檐下挂着六盏嫩红嫩红的灯笼，和堂屋里的字画牌一样光鲜惹眼。男主人又在屋里喝完酒后骂人，骂他跑了的老婆为什么还要回来。声音刚开始比先前的还要大，只怕山外都能听见，可吐字的节奏渐渐慢了，声音也越来越小。如果细看，会发现他眼睛里似乎存着抹不尽的细沙。

男孩早已被县城生活磨炼得不再沉默，会掏出口袋里的烟找邻人聊天，会听到同样的称赞，称赞他真把母亲找回来了，男孩只说是应该的，大眼睛含着笑，望着水池边低头洗碗的母亲和她身后又偷偷长大了一圈的桂花树。

卑微的罗曼史

高　芮

2012 级　汉语言文学

写在前面的话：这是一个大族皇子沦落成为一名男宠，而最后成为一朝君主的故事，但这对他来说，不知究竟是成功，还是失败……

公元 370 年，秦主苻坚灭前燕，虏获幽帝慕容暐、其妹清河公主、其弟慕容冲。清河公主十四岁，美丽非常，苻坚纳入后宫。慕容冲年方十二，有龙阳之姿，苻坚也揽入怀中。一时姐弟专宠后宫。长安城中民谣遂起："一雌复一雄，双飞入紫宫"。

一、挣　扎

犹如陷入一场再也醒不过来的噩梦一般，在梦中自己似乎是被一块巨石给死死地压住了，我艰难地喘息着，挣扎着，猛然间睁开了双眼。"呵呵……"他在我的耳畔呼着热气，笑出了声，"你终于醒了。"我微微侧头，看着他，他也着迷地看着我的双眼，我趁他不备猛地一推，他狼狈地跌在床下了。

他迅速起身，站在床边，缓缓俯下身子，双手撑在我头部两侧，"小凤皇，你胆子可是越来越大了。"说着，他的右手轻轻地抚摸着我的脸颊，"我忙得好些日子没来凤皇阁看你了，想我吗？"我淡然地拂开他的手，"困了，你睡吗？不睡就去忙你的政务，旱灾解决了？"他深深地看着我，叹了一口气，上了床，掀开了薄被，躺在了我身边，从我的背后抱住了我，又放轻了动作，给我压好了被角，“睡吧。”闭眼前，我想着今晚他似乎和平常有些不大一样，他怎么了？对于他，我向来懒得耗费我的心思，于是，我便又沉沉地睡过去了。隐约间，听见身后人轻声说道：“我的小凤皇，我花了那么长的时间才找到你，小白眼狼，怎么都喂不熟你呢！”……此时，凤皇阁外的月光荡漾在白色窗纱上，投在了大床上相拥而睡的两人，显得那么温馨而美好。

晨曦中，微弱的阳光洒在我的脸上，我发觉天已大亮了，感觉到身边早已没了他的痕迹，慢慢睁开了眼睛，突然觉得眼前的阳光好刺眼，不由地抬手遮住眼前的耀眼日光，眼底不觉一阵酸涩。

我，慕容冲，小字凤皇，是鲜卑族人。作为前燕国君慕容儁的小儿子，打我出生起，族人就为我的惊天美貌而赞叹不已，猜测我是犯错被贬下凡受劫的凤凰星君转世，父王和母后也因此为我取了小字“凤皇”。我们鲜卑族人血统优异，几乎个个外表俊美，无论男女皆雪肤美颜，而我则是族中倾国倾城的第一人，族人都骄傲地说这下慕容凤皇可是把北国江南所有美女都比下去了。在北国江南，我和我的小姐姐早已名声远扬，“郎似樱珠姐如桃，郎多鲜艳姐妖娆”。

此时我做苻坚的男宠已经有将近三年了，“凤皇儿，凤皇儿……”耳边似乎还响着儿时几位哥哥和自己的小姐姐欢快地叫着自己小字的声音。对了，我的小姐姐和我一同被送给了这个男人。“小姐姐，等着我，再等等……”右手不禁紧紧抓紧了身下的床褥。

二、决　裂

今天，阳光依旧是那么明媚，外头的小鸟儿在欢快地唱着属于它们的歌谣，我低头研究着手中的玲珑棋局。凤皇阁外的宫人们从窗外正好可以看到那个低头沉思的俊美少年，似乎他是在看着什么出神，如白玉般的纤长食指抵住那线条简洁如雕刻般的下巴，黑红色的长发衬着白皙如透明般的肌肤，更加透出一股近乎妖冶的美，这少年的存在简直就是涂抹了人类的性别分化。当值的宫人们又一次被这凤皇阁的主子给弄得愣神了。就在此时，他们似乎都感到背后一股冷气。

"慕容冲!"苻坚"嘭"地一下推开了凤皇阁的那扇门，我抬眼便看到他已经冲到我跟前，玲珑棋一下被他带翻撒了一地，我起身瞥了眼屋外，宫人们早已跪倒一片而且身子伏得很低，似乎还有些发抖。正想着，他眼睛发红地掐着我的脖子，像头发怒的狮子，凶猛地把我抵到墙边，咬牙切齿地看着我说："就这么想早点儿离开我，你是巴不得我早点儿死，还是巴不得我让你的好姐姐早点死?"我立刻挣扎起来，"你不用拿我姐姐威胁我!我就是不愿做你笼中的金丝鸟!"我像发了疯一样地推开他。"哈哈哈……"一阵凄凉无比的笑声从我的口中发出，我无力地拖着双臂，像醉酒一般在这偌大的房间里原地走圈，"你看见了没有，我已经在这个精美的牢笼里困了将近三年了，三年了……"苻坚一副不可置信的眼光看着像疯了的我说："难道这三年来，你和我在一起，就一点都没有感觉到哪怕一丝一毫的快乐吗?你怎么忍心在我对你的纵容下，竟然和一个你原本看不起的臣子联合起来背叛我!"

"背叛?放我走，是为了你这个一国之君能做得更好，更能得到百姓的拥护，这是一个忠心的臣子希望的，这更是天下百姓希望你做的。"我冷冷地看着他说道。他立刻痛苦地冲过来紧紧抱着我，"小凤皇，我不想，我不要，答应我，别再想着离开我了，行吗?你感觉不到吗?我爱你!"我漆黑细密的睫毛微颤，像是被他灼热的话语给灼伤一般。爱我?你给我的爱，我根本承受不起，即使是在这个男风盛行，几乎大户人家都尚豢养男宠以显示身份的时代，但要我以这样一个不堪的身份陪在你身边，凤皇啊，凤皇啊，你还算是我慕容一族的骄傲吗?"小凤皇，你看着我!"苻坚捏着我的下巴，拧过来向着他，"你以为你还能做回你那个大族公子吗?呵呵，没错，你是为了你的族人委身于我，可是现在他们还领你的情吗？在那个宴会上，你看见没有，他们过得依旧潇洒，可是他们用鄙夷的目光注视你，私下嘲笑你……”“够了！这些还不都是因为你！”“那你认为我能怎么做？放任你继续承接你父王的位子？还是屠戮你慕容一族所有的族民？要不你来教教我该怎么做，我为了你放过了慕容一族，让他们依旧在我的眼皮底下衣食足安地活着，你那心爱的小姐姐呢，若非我命手下的将领不得凌辱她，你以为凭她那张漂亮的脸，还能安然地在这儿好好活着，她早就被我的人给玩死了！你呢？我精心地养着，教你兵法谋略，教你射箭摔跤，教你剑术刀法，带你去打猎，去踏青，去赏雪，陪你下棋，吹箫……”我拼命地摇着头：“够了，够了，我求求你了，放了我吧！”他立刻就将唇狠狠地压在我的唇上，侵略地用舌撬开我的牙齿探入深喉中，不多时我便有了缺氧的晕眩，昏昏沉沉，我用力推着他那宽阔健实的胸膛，但无济于事，他粗暴地撕咬着我的唇，然后一把抱起我压在了大床上……

三、离　开

天又亮了，他早已离去……在这世上的每一个人都是一座孤岛，被寂寞和冰冷包围着，为了逃脱这种寂寞，爱恨才会诞生。苻坚竟然说爱我，可是我呢，我恨他吗？不！我的心告诉我其实我并没有想象中那么恨他，直到终要离开的此时，我才有所发现。突然，我感到屈辱，我似乎已经越来越沉溺在他给我的欢愉中了，不论是身还是心。我躺在凤皇阁的大床上，嘴上和颈上的伤痕还未退去，裸露在薄被外手臂和前胸上还留着触目惊心的欢爱过后的那些大大小小的痕迹，使本来就柔弱白皙的人看起来更显惨白。那让我离开的圣旨快到了吧，想那长安城中一直传扬的出自我手的歌谣：“一雌复一雄，双飞入紫宫”。“苻坚，你以为你还能压得住宫外四起的流言多久？”我阖目想着，“他那个忠心的布衣臣子王猛恐怕也逼得你不得不作出决定了吧。”

很快的，随着一道圣旨颁下，在宫门前，一身素衣的男子拉过宫人牵来的白马，一跃而上，待宫门大开后，骑着骏马径直飞奔而去，连头也未曾回过，那急速的“嗒嗒”的马蹄声渐渐远去……

宫中那最高的君子楼上，苻坚侧靠在栏杆上，手中还握着未喝尽的半壶酒，依旧深邃的眼睛已经蒙上了一层水雾，直直地望着那个离他越来越远的身影，早已多年未曾流过泪的坚毅男人此时竟是痛苦绝望的模样，泪水再也强忍不住，缓缓从脸颊滑落，一滴滴地留在了君子楼的栏杆上。

骑在飞奔的马上的我，那依旧酸疼的身子正提醒着我昨夜还承欢于他的身下，而现在我终是彻底地摆脱他了。想到这儿，我不由地攥住了胸口处的衣服，狠狠地拧成一团。心底深处骤然蔓延出来的疼痛，汹涌得如洪水一般，铺天盖地，无法阻拦。不觉间，自己似乎已经泪流满面了。夏末的暖风随着奔驰的马儿飕飕地刮在我的耳边，耳边隐约还回荡着苻坚低沉的呼喊：“我的小凤皇……”望着前方，我的家啊！“我要回家，我要回家……”我再一次狠狠地抽响了马鞭，“我的族人还在等着我回去兴复大燕呢！”

四、寂　寞

手里捏着那个男人临死前递给我的那只发黄的丑丑的草蚱蜢，低头看着它，我突然咧开嘴，轻轻地笑了，笑声空洞，宛如一个木偶被线拉着舞蹈。

一年了，距离我带兵攻下苻坚统治的前秦已经一年了，在这一年里，我好像被这个世界给抛弃了。呵！什么五胡十六国倾城倾国第一美男子，什么骁勇善战的铁血帝皇，直到这男人在我眼前死去的那一刻，我突然发了疯似的恨他，那时我才知道，我真正失去了什么！

当我再次看到那个丑蚂蚱时，多年前的记忆霎时浮现在眼前……

他竟然是当年那个大哥哥，在我八岁那年偷跑出来遇上了受伤的他，我把挂在我脖子上的小坠瓶解了下来，里面有我鲜卑族的最珍贵的治伤灵药，这是我的母后在我七岁生日时挂在我的脖子上的。我把灵药全给了他，带他到我自己在山中发现的一个秘密山洞里养伤，他养伤的那些日子也是我儿时最快乐的时光之一。他会的东西很多，知道的事情也很多，我几乎天天去找他，听他跟我讲外边那些新奇的事，他常常逗的我直发笑，通常他也陪我哈哈笑，经常笑得不时扯到伤口，也不介意。看着他古怪地笑着，我更是乐不可支。逐渐的，他的伤好了，他常常会打些野味烤给我吃，教我射大雕……临走时，我哭着要他留下。他亲手教我编了个草蚱蜢，这可是南方的玩意，我一边哭着一边新奇地跟着他编出了丑丑的蚱蜢。他立刻拿走了我的蚱蜢塞进了怀里，搂着还挂着泪珠的我，轻轻地在我的额头印下深深的一吻，“凤皇儿，等我回来，我回来娶你做我的小娘子，好不好?”那时还什么都不懂的我一听他会回来，就连忙急切地点头，生怕他看不见我答应就一去不回了，我就再也看不着他了。

如今想来，我不由得觉得可笑至极，仿佛上天要惩罚我，故意给我开了个这么大的玩笑。

“凤皇凤皇，何不高飞还故乡?”人们依旧热情传唱这句民谣时，我的心却早已冰冷，我知道，当苻坚死在我眼前时，一切都结束了，我的故乡也早已不是原来的那个故乡了，我独自品尝着我自己酿制的寂寞。这天下人，无论是曾经的敌人还是曾经的家人，都只肯承认我是那倾国倾城的凤皇，如果我若想化身九五至尊的神龙，怕是他们也觉得可笑吧。为了保全他们的我，如今却永远成了他们心里不愿触碰的那个，证明他们曾委曲求全的活生生的证据。

遥想着远方叔父那双狼一般阴郁隐忍的眼睛，已然成为西燕皇帝的我觉得了然无趣，争吧争吧，这一辈子我的生命就这样子了，一天天寂寞下去，苍白，疲惫……

穿羊毛衫的鸭子

贺明炯

2012级　汉语言文学

阴沉沉的天密得不透一丝缝儿。太阳躲在一堆灰鸭绒似的云后，不肯露脸。没有风，可却冷得出奇。这样的冬天实在少见。

匆忙的人们赶着路，看到了公交车就像是苍蝇看到了大粪，马蜂见到了臭椿，拼了命地往上挤，和互相推搡争着下车的人们扭成一团。拥堵的车队中不时传来刺耳的喇叭声。

“哎，哎……瞧着点，挤什么！”杨秘书整着在车厢里被扯歪的衣领，低声咒骂着，“赶不上投胎的家伙们！”梳得油光的头发像一根根钢丝紧紧地贴在头皮上，尖尖的鼻子和尖尖的耳朵因突遇着的寒气冻得像猪肝，有点发紫。

一群蠕虫，他心里想着，要不是赶时间又遇上堵车和最近油价疯涨，他才不会挤这破车，肮脏透了。

他吸了一口气，夹紧了公文包，跺了跺发麻的脚。

“哦，土匪！一群土匪！”他怒吼着，看着脚上原本被擦得锃亮的真皮皮鞋边上，居然有一个鞋跟印子！“不长眼的该死的东西，难道看不出来我这是名贵的真皮皮鞋吗？”杨秘书愤愤地弯下腰，把手套褪去一只，用嘴在食指尖呵了一口热气，低头用手指仔仔细细地擦着皮鞋边儿，一点一点地像是用针在挑细线头儿，直到看不出丁点痕迹。

“不要一个子儿，我也不坐这破烂玩意！哼，不要一个子儿请我，我也不坐！”杨秘书抬头望了望，天快要沉下来了。他拉紧了黑色的皮大衣，快步向公司大楼走去，嘴里还不停地唧咕着。

雪终于还是下了起来。路上的行人渐渐稀少。马尼羽绒棉服公司的大楼前一棵还没有来得及挖走的枯树下，跪着一个瞎眼的婆子。面前铺着一块破布，零乱地躺着几枚硬币，早已积上了雪。

杨秘书的余怒刚息，正想着向总经理马克汇报的情况。他像往常一样往公司的大门四周一扫，便瞅见了那树下的一团黑影。

“可恶。”他站在那里向四周望了一眼。几个偶尔路过的人缩着脑袋，急急地赶着路。“骗子，寄生虫。就知道想着别人口袋里的钱，没人性!”杨秘书又开始低声咒骂起来。他觉得这瞎眼的婆子实在可气，居然在公司的门口乞讨，而且竟然还在自己要上班的时间里，实在是不可饶恕。雪纷纷扬扬地下着，跌落在他的脖颈中。他似乎觉得这雪也实在不可饶恕，一样可恶。我可是一个正派的人，我才不会上当。一个子儿也不给，还没人给我呢。这些人可是贪得无厌的老鼠。杨秘书正准备一路小跑过去，可是他总觉得背后有人在盯着他。那目光像是从下水道里射出来的。“哦，好吧。可怜的老鼠！我可是一个善良的人！怎么能和这种人计较呢。”仿佛是要做一件大事，好让整个世界都知道，他把皮鞋重重地踏在水泥马路上，发出大大的响声。

“行个好吧，我那可怜的孩子们还……”瞎眼的婆子听到脚步声后，开始哀求起来。杨秘书走到那破布前正准备从腰包里摸出一枚硬币，才忽地想起挤公交的事。他还是上下摸了一通，没影！磨磨蹭蹭地掏出皮夹，仔细翻了翻，才抽出一张五块的纸币。“我可是在做善事，虽然钱是个好东西。”他看了看手中的纸币和那婆子一眼。为了让那婆子知道他的恩赐，他把纸币揉了又揉，成了一个团，重重地掷在布上，“砰”的一声。“谢谢了呀。我可是一个不幸的人……”他又开始后悔他居然那么冲动，随便地把钱施舍了出去，他才是那个不幸的人！他感觉他在犯罪，他落入了圈套，好像一个无辜的人将要被押赴刑场。他的脸比一个破了皮的蝙蝠还要愤怒和恐惧。他无法想象着那人在他走之后手舞足蹈的样子。我可受不了，他想着。眼睛紧紧地盯着那块布上的几个硬币，向左看了一遭，向右又看了一遭，根本没人！给她一块钱都便宜了她，那四块钱可是我的，下次挤公交可还用得上。无耻的骗子，凭什么给你那么多。杨秘书又向四周瞧了瞧。“对，那本来就是我的，我应该拿回来。这可没什么见不得人的。”他慢慢地猫下腰，尽量不弄出一点儿声响，眼睛却不住地向四周瞥。突然，一个黄色的东西一晃而过。惊得他身子一挺，脖子一僵，直直地定在那儿。那婆子还在那里哀哀地哭诉着诸多的苦痛。杨秘书却唬得一头密密的细汗，像一截埋在土里的光秃秃的树桩，动也不动。起风了，雪也更大了。一片一片地压下来，灌在衣领中，冷得人直发抖。

杨秘书这才缓过神来，小心地向四周探了探头。哪有半个人影！路边的一个塑料袋在风中冷得也在发抖。这可没什么见不得人的。我的东西，我拿着。怕什么！杨秘书果断地低下身子，迅速捡起那四个硬东西装在口袋里，连积雪也没掸掉！

他又昂着头向四周扫了一眼，把皮鞋蹬在地上，仍旧发出大大的声响，向办公室走去。那心情就好比在沙漠里饥渴地行走，突然发现了一个蜜柿，哪怕沾满了灰，高兴劲儿怎么也抑制不住。直到他打开办公室的木门之前，他觉得他从来都没有做过如此高尚的事了。

马克正坐在办公桌前支着脑袋打着盹。杨秘书掸了掸身上被暖气焐化了的雪水，清了清嗓子。

“马先生，这有两件事要向您汇报。马先生？”

“说吧，说吧。真要命。”马克打着哈欠，头也不抬地回应着。

“今年，这天气……呵呵。咱们的羽绒服可是抢手货，供不应求呀。您可是狠狠地赚了一笔。您看，这雪下得多好啊！”

马克不由自主站起身，向窗外看了看，高兴地点点头。

“嗯，下得好，多亏了这鬼天气。”

“可咱们的鸭绒也……”

“什么，你说什么？说呀！”马克显得有点不耐烦。

“您是知道的，上一批鸭子才拔过毛，刚长出来没多久。外面的货又吃紧，鸭绒快供应不上了。”杨秘书小声地说道。

“什么！你给我再说一遍！这么好的机会，上哪找去。快，打电话给鸭场，拔毛要紧！”

“可……可动物保护协会说咱们虐待动物，还要抗议示威呢！”

“这群蝼蚁！闲得没事找茬。他们怎么不看看自己身上穿的衣服！”

杨秘书本来还要说什么的，可是看到马先生的脸涨得发红，没敢吱声！等马先生稍稍平息下来，才又小心翼翼地说：“咱们还积了一些羊毛衫在库里……”

“一群废物！就不能动动脑子！”

“是，是……”杨秘书不住地点着头，还不忘瞄几眼马先生。

“马先生，您看。咱不如把羊毛衫改一改，给那些拔了毛的鸭子穿上。这样不就……”

“嗯……好主意。这下问题都解决了。没看错你。就这么办，对，还要连续搞几天新闻发布会，告诉那些人我们是爱护动物的。那些人还是不得罪的好。羊毛要是不够，让羊绒厂赶紧剪羊毛，全面开工！”

“我这就去办。这雪下得可真好呀！”杨秘书颇得意地理了理衣领，看了看窗外。

暮鼓晨钟

黄腊云

2010级　汉语言文学

夫大块载我以形，劳我以生，佚我以老，息我以死。

——《庄子·大宗师》

一

江南三月，草长莺飞。

似乎每个春天都是这样干净简单。

晓天家的牛又开始下田劳作了。晓天爸熟稳地站在犁坝上，一鞭又一鞭地赶着牛前进，夕阳在牛背上缓缓地流淌。

晓天拎着水壶，远远地站在田埂上眺望。父亲的身影缓缓移动着。田埂那一头，旧年插的柳枝才结根，小小的翠绿的一排，像邻家晓烟的裙子。

记得绿罗裙，处处怜芳草。

晓天想起父亲曾吹过的一支骨笛。此刻那笛声似乎又在耳边回荡着，呜呜咽咽，竟有说不出的凄凉。

二

四月秀葽，五月鸣蜩。往年的这个时候油菜花早已经落了，高高的油菜秆上结了绿绿的饱满的菜籽粒。今年却落得很迟，黄灿灿的仍是大片大片地开着。

晓天爸也没得闲，拉犁翻地，翻修屋顶，忙里忙外。晓天家的老黄狗也跟着晓天爸来回奔波着，时而在田野里追赶一只野兔，时而在瓦屋的石阶旁打几个滚，忙得不亦乐乎。

晓天家的田地离家远得很，单走过去足足有十几里地。晓天爷爷不是本地人，因为招亲才来到这里，所以村里分地时只得了很远的一小块。爷爷在世时总爱说着祖上的那些事。爷爷的爷爷曾中过秀才，是当地很有声望的教书先生，家里也曾是书香门第。后来家道中落，从爷爷开始只能以种田为生。晓天爸也只读到初中就辍学了，年轻时出去闯荡过。做过苦工，和别人合开过豆腐铺，又学过瓦匠，皆半途而废。几年后归来已老大不小，家里养大的童养媳被原家强领了回去。晓天爷爷气得去原家评理，被原家的人打断了一根指头后，领着晓天爸去打官司。官司花费了不少，却只得了三十元和一担米的赔偿。晓天爸的婚事也就耽搁了下来。这一耽搁就耽搁到了三十六岁，从邻村娶了个小他八岁的姑娘，就是后来的晓天妈。

晓天妈家里也是穷得叮当响。但晓天妈却长得标致。晓天常觉得，妈妈天生就有北宋女子的罥烟眉，十分隽秀。晓天妈最常爱对晓天说一句话，“跟着你爸啊，真是苦了我一辈子呢。”说完就望着晓天笑了。晓天也笑了。

晓天爸沉默寡言，农闲的日子里，常喜欢一个人拎着一壶酒，牵上家里的那头老牛去河里洗澡，自己坐在河边的柳树下独饮。老黄狗这时也会静静地睡在主人身边，想着心事。

晓天看到柳树下熟悉的背影，却觉得尤为陌生了。天地间仿佛只剩这一个一俯一仰的独饮的背影。幽幽杳杳，苍茫寂寥，而河水却依旧漫不经心地流淌着。远远的骨笛声又响起了，诉说着风雨杳如年的无边空漠。

三

农历四月末，天气开始有些热了。南风入弦的日子里，小满刚过。

晓天家隔壁的林婶又开始去芦苇荡摘粽叶了。摘好的粽叶用开水煮好晒干，端午用来包粽子。

在村子里，林婶包的粽子是远近闻名的。三两片棕叶，一根用水泡过的旧年的稻草，就可以包出一个棱角清秀，个头恰好的粽子。粽子用的米是自家种的粳米。煮好后的粽子松松软软，棕叶的清香入了素白的米中，吃起来有正宗的江南的黏腻。有时也会吃到一两颗红枣，那甜腻味就更是浓郁了。

青青的芦苇荡不时传来林婶和女儿晓烟的说笑声，和着南风送来的苇塘的青草香，一直蔓延到了辽阔的田野中。树林白云，远山淡淡。碧绿的菖蒲边静静地横着一条没有桨的小木船。

林婶一个人带着晓烟过了好些年了。林婶丈夫在晓烟五岁时就走了。村里不少人劝她再嫁，林婶只是看看晓烟，微笑着不说话。大家看她这样情形，后来也就不再说了。有时碰到些不如意的事，林婶会一个人来到晓烟爸的坟前，默默地流些泪。每到逢年过节还会带些酒菜。

霜随柳白，月逐坟圆。

坟头的草一年年绿了又黄，黄了又绿。晓烟渐渐长大了，出落得亭亭玉立，而林嫂的头上也疏疏地添了几根白发。

四

家在东南河上住，花落花开，不管流年度。

端午的前几日开始连绵地落起雨来。

仿佛只一夜间，晓天家后院的栀子花便开满了枝头。到了端午，天终于放晴了。乡村干净的早晨，栀子花还带着一夜未干的宿雨。空气中混合着泥土的气息和栀子花的香气。

晓烟来的时候，晓天在院子里橘树下读书。

“蒹葭苍苍，白露为霜。所谓伊人，在水一方。”

“晓天哥在家么?”

“哦，晓烟你怎么来了?”

“我妈让我送粽子来啦。给，你快拿着，我妈还等着我呢!”

“哦，那你等会儿，我给你摘几朵栀子花带回去。”

蒹葭采采，白露未已。所谓伊人，在水之涘。

晓烟看着晓天的背影，心里乐开了花。

五

晓天家的牛被人偷了。就在昨天夜里。

这头老牛已经跟了晓天爸三年，风里来，雨里去的，更像是多年的老朋友。昨晚下田回来，晓天爸把它牵到河边洗了个澡，送到牛棚时还拍了拍牛背，笑着离开了。

老牛被偷了。

打那以后，晓天爸的话更少了。有时一个人坐在柳树下喝酒。只有老黄狗静静地睡在他的身边，时而抬起头看看水面，似乎在等待着它从前的玩伴。

夕阳懒懒地落在柳枝上，傍晚的风微卷着大地的一丝温热。隐约中河水的粼粼波光晃乱了岸上人的倒影。

荷笠带夕阳，青山独归远。

六

黄梅天算得上一个长长的农闲期。每天的雨漫无目的地下着，累了一个春天的农家人总算可以睡上几个好觉。

晓天家通向村子里的小路已经没在水里了。

廉纤小雨湿黄昏。

晓天爸一大早就出了门，到现在还没回来。

天已经有些黑了。晓天坐在临窗的书桌旁。窗外的雨落在梧桐叶子上，窸窸窣窣的声音。晓天妈正在厨房里准备晚饭，潮湿的空气中不时飘来淡淡的炊烟。

晓天爸很晚才回来。晓天听到淌水的声音就去开了门。一开门，晓天就发现了父亲身后多了一头小牛。晓天爸今天看起来挺高兴，晚上吃饭还多喝了几杯。

七

湿漉漉的梅雨天终于过去了。久违的阳光铺向大地，农家人又要开始忙碌了。

晓天家的小牛长得很好。晓天爸会依旧经常牵着它去河边洗澡。老黄狗也渐渐熟悉了这个新朋友。

晓天看到父亲的稻子长高了。

五月末的田野洋溢着蓬勃生长的生命气息。夏天就要来了，他觉得很高兴。

父亲老了，他看到了父亲头上的白发。但是父亲的稻子却在努力生长着。父亲的小牛也在慢慢地长大。

我的心在等待

李茂清
2012 级　汉语言文学

“映日荷花别样红”的炎夏翩然离去，硕果累累的金秋终于姗姗到来，这意味着百姓经过一年漫长的等待，终于得到了回报。

“那么我的回报呢?”渭水边传来呢喃。

那个人，就是我，姜子牙。

我静静地坐在渭水边垂钓，注视着水面安静的浮标，偶尔抬头望望两岸金黄的麦浪，感慨：一年又过去了！一缕白发垂落胸前，无时无刻不在提醒我，流年似水，年华已逝。不禁自问：应不应该继续等下去？没人回答，我的心只有继续寂寞地等待着。

犹记年少轻狂，拜师学艺，苦学多年，终有所得。天干地支，奇门遁甲，易经八卦，帝王之道……不敢说样样精通，但也甚少有人能比拟。那时的我气盛心狂，但又求主心切。只是我坚持毕生的原则：吾主必为明主。

不是没有尝试过效忠当今的国君，只是我无法忍受。现如今纣王尚武，朝廷奸臣当道，加之妲己狐媚惑主，商朝气数将尽。天下狼烟四起，百姓受苦受难，我能做的只有静待明主出现，然后全力辅佐。

于是，我开始了渭水垂钓的生涯。只是，我预料不到，一等就是经年。流金岁月总易逝，朝如青丝暮成雪。八十高龄的我还能继续等下去吗?

或许，等待是一种态度，是我择明主的态度。

或许，等待是一种信念，是我誓为百姓谋福利的信念。

或许，等待是一种追求，是我对繁荣盛世的追求。

或许，等待是一种选择，是我对光明坦荡、青史留名的选择。

所以，我的心在无怨无悔地等待着。

不经意抬头望着无边无际的麦浪，生出一个念头，丰年是否预示着明主？放下手中的鱼竿，掐指一算，片刻后抬眸，紫微星渐亮，明主将醒，百姓将脱离苦海！我心甚喜，多年的等候终到尽头。

忽然，水面的浮标动了一下，我惊喜地抓起鱼竿，慢慢收线，水中的鱼儿剧烈地挣扎着，我不慌不忙，耐心与它周旋。良久，鱼儿放弃了，此时，我施力一提，一条活蹦乱跳的红鲤鱼悬在水面之上，千言万语不知形容此刻的心情。与此同时，耳边传来呼唤：“子为姜太公乎？”我会心一笑，我的明主到了。

此后，我开始创造我辉煌的后半生，吾主封我为太师，后被尊为“尚父”，辅佐少主，与谋“翦商”。最后灭商，立大周，还百姓一生福泽。这一切就是我一生等待的回报。

是等待端正了我的态度，坚持了我的信念，实现了我的追求，也证明了我的选择是对的。

古人云：皇天不负有心人。故而用心去等待吧！

杜鹃啼血

宋天娇

2011级 汉语言文学

一

雁溪嫁到这里已经三年了。

她是十三岁嫁进虎峒乡的，三年前的有些事怕是永远也不知道了。

虎峒乡处于莲花山的低凹处，圆圆的卧在山洼里，为什么叫虎峒乡倒不怎么令人好奇，乡里乡民祖宗十八辈的都这么叫，倒是莲花山这个地名有点怪，叫莲花山却没一朵莲花，想来也是，哪有旱地里长莲的，相反倒是各种野性的杜鹃发疯似的长了满山的，鲜艳滴血，长得密密匝匝，蕊靠着蕊，瓣贴着瓣，火红火红的一大片，云蒸霞蔚在青山绿树之间，满山都被如火如荼的色彩映得通红，招眼得很。虎峒乡几十里的地儿的人都说这莲花山有股邪气儿，漫山遍野的杜鹃花一到四月份那个开的呦，火红火红的，白日里明晃晃的扎人眼，远处看呀哪里有这个鲜艳，一阵微风吹过，满山就像点着了三昧真火似的，着了魔地狂舞着颤动着。

虎峒乡是个小地方，要是放在地图上，连粒老鼠屎都算不上，出了莲花山是什么地儿，祖宗十八辈恐怕也不会想这个问题，那个东西管吃管住管生娃娶媳的么？都没用！还是得仔细着脚下这块地儿，盘古辟的地就是咱这莲花山，有了莲花山才有我们这块老鼠窝，有谁见过土生土长的老鼠走错自家门的，这就对了，虎峒乡几十里地的旮旯块都是长了小心眼儿的，这是错不得的。虽说是小地方，可怎么说也是盘古的直系子民，说话谈吐可不就有了上古之风，文雅之余还有无尽的荒唐，可就是这些荒唐的词儿才经得起回味。这里的小伙子有事没事就唱上一句“何——须——名——苑——看——春——风，一——路——山——花——不——负——侬，不——负——侬……”偏要拖长了调，嚼着字，站在山上朝着弯弯曲曲的小路上唱着，唱得小路边稀稀拉拉的杜鹃花更红了，羞答答地垂着脸。没人时，小伙子一个人掐朵花，放在嘴里嚼着，一个人琢磨着什么，到底琢磨着什么呢？天知道。活干累了，一头倒在田埂上，要是看见了姑娘就忙着搭话，有一搭没一搭的，好没个意思，却教姑娘听得脸红一阵紫一阵，直跺脚骂骂咧咧。一路上，沿着山路坑坑洼洼弯弯曲曲的好似九曲回肠，血色夕阳照在杜鹃花上，远远儿的看去，什么姑娘小伙，都葬在花海里分不清了。再到月上柳梢时，躺在床上想着白日里的事，你笑我、我笑他的，你猜我、我猜他的，都弄不明白，只觉得“山之高，月初小。月之小，何皎皎。一日不见，我心悄悄”。想着想着，入了梦境，梦中尽是红彤彤杜鹃下的歌声，“不——负——侬”“不——负——侬”，一夜长眠。

村里的王大汉长得跟铁似的，村里同辈中又数他年龄稍长些，算是小伙中的头儿了，既是头儿了自然在某些方面就更要独领风骚了，白日里他最爱和那些小姑娘打情骂俏了。

这天，王大汉和几个同村小伙，散乱地坐在田埂上，跟摆龙门阵似的，这时的日头已不像晌午时那么紧，树上的纺织娘子“咯咯咯”地拖长了声子纺车，布谷鸟婉约殷勤地叫着，风挟着花香阵阵拂在脸上，正是做梦的好时光。

坐在田埂上的王大汉想起了那句“一路山花不负侬”，拍拍屁股，咧着嘴张口便说：“俏姑娘，你头发夹在屁股上了。”

其余小伙听了哄然大笑。

姑娘红着脸不理睬。

王大汉又捏着嗓子说：“多大了，就不想汉子？”

这句话说的姑娘涨紫了脸，扭头骂了句，“当心，撕烂你的嘴，呸。”姑娘勾起篮子抬脚转身就要走。

王大汉听了更乐意了，又说："不懂，我教你啊！"听得其他小伙子也随声附和起来，"对呀，免费教。"你一声我一声的吵得太阳都急急忙忙赶回家了，山上的晚风凉飕飕，大家拾掇好各自的农具，又结伴一路说说笑笑地回村了，方才的恼怒羞答答被晚风一扫而光，没一点儿痕迹，唱歌的唱歌，话家常的话家常，可这些欢声笑语一到村东头就戛然而止了，人人都板着脸加快脚步，姑娘们都低着头，生怕瞧着那张脸，那张脸会使她们夜里听不到歌声。

二

"村东头的潘老婆子着实瘆人，着实。"村里人都这么说。

村东头的潘老婆子像是个祖辈留下的遗物，她也不说话整天倚着门栏，斜着眼看人，不大的三角眼里好像藏了一把剪刀，能把一切都剪得稀巴烂，让人没法直视，村里的大姑娘都害怕她，躲着她，就怕她直勾勾的眼神，仿佛能把人的魂勾出来放在青天白日下烤晒着，让人喘不过气儿。

话虽如此，可村里面与潘老婆子同辈的七大姑八大婆的却说："别看她现在斜眼凹鼻的，年轻时俊啊！"让这些悭吝的姑婆们当着子孙称赞的必定是如今情形不如她们的，否则平时连自家鸡生几个蛋都要比上一比的琐碎女人，怎会如此宽容地去澄清一个早已陈旧的不能再陈旧的事实。村里的大姑娘们却听得入迷，又时时忘乎所以地你一句我一句地追问下去，可把这些姑婆们给乐坏了，谁要是想出一个有关潘老婆子的新鲜词儿或是杜撰一段风流往事，一连几天走起路来两个屁股瓣子都一扭一扭的，可时间一长，到底有多少个潘老婆子，连她们自个都给弄糊涂了。但是有一段事却是她们公认的，那就是潘婆子以前叫潘娘娘，是莲花山一朵花，几十里的人家，凡是儿子年龄相仿的，把她家的门槛都踏碎了，可怎么也不见她点头，只是笑嘻嘻地倚在在门栏上，脸上神情半明半晦的，老人家们见她也不怎么上心，日子长了，拍拍屁股索性也就不来了。

这天下午，炽烈的日头挂在莲花山上就是迟迟不走，日光像粗帘幕垂下来，密致浓烈，压得人想逃也逃不了，喘不过气儿来，可不就是，门前的癞皮狗拖着长舌，哈喇子拖了一地。这个时候审二姑抬脚走出家门，在村头村尾慢慢悠悠地踱着步子，没瞅准好地方索性就一屁股坐在土地上，震得灰土扬起来颤动，映在日光帘上一粒粒的都能数出来，远远儿地看去真像一根倒下的枯树桩，烈日炎炎下她倒受用得很，想来也是，枯了的树桩哪里还有什么水分要等着白日头榨取呢。没一会儿，审二姑就有点局促不安地挪挪腿肚子，苦藤似的手爪子锁定了股沟子狠狠地挠了两下子，可绿豆眼远远地好像瞄到了什么，就又若无其事地闭着眼坐在那。果不其然，有些姑娘家的看见审二姑坐在那，也跟到前头来，一会儿工夫三三两两，说说笑笑地也都围了过来，她们一走近都止住笑语慢慢静静地或站着或蹲着，有几个等得不耐烦的，把后脑勺马尾巴的红线头解了用手抓抓再重新编上，整个过程都是静悄悄的，无声无息，大伙都在等待某个时机的到来，在这之前打扰可是万不能的。

这时审二姑抬起颈子，搓搓手，吐了口吐沫接着神神秘秘地低声说："就这样啊，一直拖到那一年的春天，突然间……"审二姑不说话，捋了捋耳边的碎发，诡秘地笑着说："你们猜怎么着?"故意顿了顿，干咳了几声，活像一只老母鸡，身旁的姑娘们正听的带劲，哪经得起母鸡下蛋般的怠慢，撅着嘴推搡着姑婆干瘪瘪皱巴巴的瘦脚筋子用极尽娇媚的声音恳求道："好婶婶，你就说了吧，以后可得常常去你那儿坐坐呢。"这句话说的审二姑心里极是受用，顺手把一只不小心爬上裤脚像小蚂蚁之类的讨厌东西捏得"喀拉"一声响后，拿起手指就往鼻孔里挖，挖的差不多时又压低了声音加重了鼻音说："有人啊，发现她脸上长着一颗妊娠痣，这可不得了，十七八的大闺女干上这，算啥事啊，你们说是不是啊?!"姑娘们长长地"咦"了一声，应声附和地碎碎私语，接着审二姑又说："起初也不起意，后来不知怎么的，就闹得虎峒村人人皆知，说不定就是哪个狗嘴子日里夜里地叫。”说着朝旁边的一户人家努了努嘴，姑娘们看见了起先愣一下，接着又是会意地偷偷笑了一声，其中的几个姑娘不小心露出了虎牙，似乎又好像发觉了似的，立马掩了掩嘴。这个地方有个风俗，女人长了虎牙不吉利，克夫，这个她们得时刻注意着，家里人也都是千叮咛万嘱咐的，不要张嘴就笑不要张嘴就笑，小心以后找不到汉子，姑娘又急忙地问一句，“后来呢?”审二姑抬头看见远处太阳在莲花山顶晃了晃就躲到山后头去了，猛地站起来拍了一下后脑勺，啐一口，“哎呀，我的娘呀，说说说的倒把正事给忘了，今天我家老黄鸡不知又生了几个咯咯仔呢。”说着也不顾姑娘们的意犹未尽，两只风干柚子皮似的手拍拍两瓣屁股，打打灰，抬起两根老树桩似的腿就要走，那条土灰裤子上的灰怕是打不干净，平时村里哪块地上没有那两块半拉不整蒜瓣的影子，姑娘们见这架势是拦也拦不住了，便急急忙忙没好气儿地喊了一声，“那后来呢……”朝后又不紧不慢地加了一句，“好婶婶呀——”姑婆背着手没转身笑着说：“后来啊，后来就成现在的样子啦，你们没看见?”说完就哼哼唧唧地朝太阳的余晖里走去，老远都能看见她的两瓣蒜瓣，姑娘们站起来，伸伸腿，蹲了半大天的，也顾不得浑身的酸疼，又叽叽喳喳地说了起来，有的不屑地说：“瞧她现在的神气样，谁不知道她老头骂她跟枯柴似的，哼。”有的小心地骂道：“这会儿子，她倒尽兴了，瞧她那样，活像只脱毛的老母鸡下蛋，没羞没脸的。”说完朝旁边审二姑刚刚坐的地上撇撇嘴，只见地上生出活生生的两瓣，这时另一个又说：“光听她说别人，你们还不知道吧，她年轻时……”，姑娘们皎洁的小脸蛋又三三两两聚到一起，笑一声骂一声地走远了。朱红色的晚霞一片一片地泛着鱼肚白，一阵风从莲花山上吹来，热热辣辣的，带着点杜鹃花的馨香味，没一会儿地上的两瓣就没了个踪影。

三

这天，王大汉扛着锄犁晃晃悠悠走到村西头，看见一大帮姑娘围着审二姑好像在听着什么，隐隐约约的好像在说什么稀奇事儿，好奇得很，也就放下锄头一步一步挪了过来，靠在远处的一棵树下静静地听着，心想树下可比日头下干坐着好，这帮傻女人。却听到审二姑好像在说，“什么女人骂她不要脸，男人当面里嘴上不饶人，私下里不知惋惜了多久，早知这样，怎么会被哪个不知名的狗孙子早上了手。”这时审二姑的绿豆眼珠子嘀溜咕噜地转了一通，瞄准了王大汉，平时她最看不惯王大汉身上那股风流劲儿，长满褶皱的嘴微微轻笑了一声，心里打好了算盘，审二姑的喉咙“咕隆咕隆”地动了一下，便尖着嗓子喊着：“王大汉，你说是不是啊?”王大汉猛地听了这句话，又不明个所以然，一时间不知怎么应答，黑着脸扛着锄头就要走，姑娘们瞧见了，半是欣喜半是埋怨地看着审二姑，审二姑猛然发觉自己说错话了，又神神叨叨地说：“后来啊，你们猜怎么着?不知不觉的就听说这个潘娘娘怎么的就病了，得了……”姑娘们立刻收起幽怨的眼神，皱着眉头思索着，审二姑见状乘机搓搓手想了一会，两眼放光地猛然说道：“哦，对了，好像是得了一种类似羊痫风的病，对了，就是羊痫风呢，发病时不知有多可怕哟。”没说完，就啧了啧嘴，“你们是没福见到了，啧啧。”姑娘们略微可惜地附和着，“噢，是这样啊，哎，那后来呢?”审二姑晃晃脑袋，用手抿抿了前额缭乱的花白头发，啐了一口接着说：“真是个孽障啊。”顿了顿，尖尖的灰白色的舌头舔舔干燥的嘴唇，轻声说：“家里不知请了多少郎中跳大神的怎么也治不好哇，年复一年日复一日的却也活到这一把年龄了。”说完又啐一口，哽住半天，说完还扭头朝后看看，又说了一句，“报应啊，都是报应!”轻轻地啐一口，站起身子，拽拽打了褶的蓝布上衣，黯然神伤地慢慢走远了，姑娘们听得唏嘘不已，云里雾里的，抬头却看到审二姑这副表情，心里就更加捉摸不透了。

四

这天村西头传来话，说再过几天村长的二儿子虎子要娶媳妇了，不知怎么的就被潘老婆子听见了，那几天回村的人说潘老婆子这几天一个人低着头唠唠叨叨的。潘老婆子平日里很少出门，那日里人们看到她倚在门栏上斜着眼看满山的杜鹃花，一个人静静地活了一大把年纪也看了一辈子的杜鹃，可是村里头哪个生娃子了哪个娶媳妇了，只要是她知道的她都要去看上一眼，就远远看，站得远哪里看得真切呀，不过是一个个攒动的人头，滚来滚去的，看了半晌就一个人慢慢地走回去了。

后来听人说虎子接亲的那天，二月十五，以后人们就再也没看见潘老婆子了，那日一大早，上山干活的人们发现潘老婆子穿着一件鹅黄青的布子做的圆领敞袖上衣，不远不近地走在干活人的前头，后面的汉子脚步加快了，她也走得急速，汉子脚步放慢了，她也慢些走，距离不长不短刚刚好，眼睛好像长在脑袋后面，烈日下，手大胳膊粗的汉子也感到瘆得慌，王大汉看见了索性就放下犁耙一屁股坐在田埂上赌气似的不走了，粗声粗气地嚷道："潘娘娘今天好早啊，是去会哪个情哥哥么？这么大的事，怎么说也要带上我们!"说完又是一阵不知好歹的笑，潘老婆子晃晃了身子，又往前踉踉跄跄地走了，这些个汉子见没个啥意思，拿起犁耙又一步三晃地朝莲花山走去，可浑身的劲儿又没处使，仰着脖子就唱了句"何——须——名——苑——看——春——风，一——路——山——花——不——负——侬，不——负——侬……"歌声嘹亮，震得满山的杜鹃花都簌簌地颤抖着，没一会儿，那件鹅黄青的领子给满山刺目的鲜红给荡得没了影儿。

到了半山腰，王大汉刚拿起犁，远远的，一阵唢呐声随着风声悠悠荡荡地传进了汉子的耳里，打一个漩涡猛地钻进心里，听得心里直痒痒的，日头还长着呢，也不急着干活，站在高处，眼巴巴地看着花轿九转十八弯地拐进虎峒村，两个吹唢呐的，后面跟着四个轿夫稳稳地抬着一顶花轿，里里外外满目都是红色，突然间，只见轿子停了下来，从上面走下来了一个穿着大红嫁衣的梳着发髻的红嫁娘，只见她低着头两手捋着裙子，急急忙忙地扎进一簇杜鹃花丛中，干活的汉子看得脸红心跳的，恨不得自己变成杜鹃花，时间一分一秒地耗着，微风里夹杂着大把大把浓烈的杜鹃花香，吹的心中烦躁得很，汉子嘴里骂骂咧咧的，“什么臭娘们!”干巴巴地吐口唾沫在手掌心，哪里是什么唾沫，一星星浅黄色的沫儿，自己看了都恶心，不由分说地便使劲搓搓手掌心，拿起犁耙就狠狠地打在干裂的土壤，不料一粒尖锐的土粒“嗖”地一下就飞进他的眼里，刺得眼睛直冒酸水，又骂了一句：“臭娘们!”没干一会儿，扔了犁耙，倒头就在杜鹃花上毒日头底下睡了，抱着胳膊哼哼唧唧的。可是愈来愈近的唢呐声还是一声声地锁住他的心，白晃晃的日子里想着夜里该怎么去闹洞房，顺便再摸一下新娘的小脸蛋，左脸还是右脸好呢？哎呀，管他呢，反正得狠狠地捞一把……想着想着，捺不下性子，扛起锄头就下山，进村时，发现潘老婆子家门还是关的，心想，“该不会真是魂附身了吧。”想伸头去看看，不料村西头敲锣打鼓声震得自己不安分，扔了锄头就往虎子家跑。

五

那天夜里到底闹到什么时候，谁都说不清楚，小娘子哭了多久也没人知道，倒是那夜有多少人睡着了，心里明白得很。那些汉子个个白日里像头虎，夜里却像只猫，竖着耳听。

第二天，第三天，一个星期过去了，村里人猜着潘老婆子许是真的死了，可谁都没法确认，后来不久有人上山时竟意外地发现了那件鹅黄青领衫子，已是破破烂烂的了，点缀着星星陈旧发黑的血，肮脏恶臭。

村里有人说，“潘老婆子许是吃了杜鹃花了，这儿的杜鹃花红的带血，吞进去是封喉的。”

从此村里的女人是断不让上山了。

晃晃悠悠的雁溪嫁来也有三年了。

雨纷纷

王金莲

2010级　对外汉语

一

“雨纷纷，旧故里草木深。我听闻，你始终一个人……”不顾眼前纷纷下落的雨点，林小雨沉浸在耳机的歌声中，一个人踏上了回乡做清明的旅程。

又让我一个人回老家，这已经是第三次了。你们就真那么忙？上了车刚落座的林小雨就开始在心里犯起了嘀咕。只见乘客越来越多，不一会儿就将车厢中间临时加的长板凳坐满了。也难怪，明天就是清明节了，散落各地的人们纷纷赶着回乡。如果说前两次还是奉父母之命，那么这一次，也是她自己想出来散散心。像无数青年学子一样，已经上大三的林小雨正处于人生的第一个十字路口——考研还是就业？这个问题深深困扰了她。

“哎哟！”正在沉思中的林小雨吃痛地抽起被人踩到的脚，连忙摘下耳机去揉。

“小姑娘，不好意思，踩到你了。”声音是来自人群中一双穿皮鞋的大脚的主人。

林小雨勉强应了句：“没关系。”一抬头，正碰上对方真诚而又饱含歉意的眼神，让林小雨一下子就原谅了他。落入林小雨眼中的是一位看起来三十几岁的男士，方脸剑眉，眼神温和，透着几分深邃，在这吵吵嚷嚷的车厢里尤显沉稳。

“先生是刚刚从外地回来的吧？”

“是啊，回家做清明，一晃离家二十多年了。”

“时间过得真快!”小雨轻轻地感叹，仿佛安慰对方，也在提醒自己。

石庚生闻言不置可否地笑了，眼前这位清秀可爱的女孩，让他有种似曾相识的感觉，竟不由得想起了一个人。春花，这些年你过得好吗?

车窗外的雨越下越大，时不时有一树两树零星的桃花闪过。石庚生迷茫地望着远方，二十年前的一幕又一次冲开记忆的闸门，汹涌而出……

那到底是怎样的一个季节?晴空和雨水交替着，校园里到处都是匆匆的脚步和“隆隆”的行李箱声。以至多年来，他都坚信如果人生有第五季，那么一定叫作“毕业季”。就是在这样的一个季节里，站在人生选择的路口，石庚生不顾相恋多年的女友反对，选择了去远方，毅然决然地踏上了南下的火车。当他转身离去的那一刻，不是没看见李春花的泪水，只是，他忍着泪在心里跟她承诺一定闯个样子回来。至于她的父母给他们安排好的道路，他真的没法理所当然地接受。从那时起到现在已经二十二年了，其间他只回来过一次，那是他在G城刚刚稳定下来就迫不及待地回来告诉春花。可当他看到已挺着个大肚子的她时，世界轰然倒塌，他奋不顾身地迅速逃离了家乡。原本以为再不回来便可忘记，可有些东西时间越长越念念不忘，终于这个清明他还是踏上了返乡的行程。

石庚生沉浸在回忆的同时，林小雨也一直在默默观察着他。她发现他英气的眉宇间时而明朗时而阴郁，不禁感叹岁月没有在他脸上留下过多的痕迹，只是将他雕刻得……更加棱角分明。这样想着，她情不自禁地露出了会心的微笑，至于耳塞里的歌，一首也没听清了。

二

快到站的时候，石庚生笑着看了林小雨一眼，尽力往旁边挪了一下，让她先下，林小雨也就不客气地挤了过去。

“大哥，谢谢你，还不知道怎么称呼呢？”

“大哥？哈哈哈，我看起来有那么年轻吗？你可能要喊我叔叔呢。你是哪个村的？”

“柏林村的。可你看起来就三十几岁啊！”

“呵呵，我都四十多了。”

“不是吧？不过还是谢谢你……谢谢您啊，再见！”

说完再见，林小雨就红着脸跑走了。

“哎，小姑娘，你还没打伞呢，当心着凉！”

“这点小雨不用伞的，我的名字就叫‘林小雨’啊！”

石庚生目送这位姑娘略带慌乱的背影，微微笑了。

人们常说“近乡情更怯”，及至已经站在家乡的土地上，石庚生的心还在突突地跳个不停。他站在那里呆呆地环顾四周，街上发生了翻天覆地的变化，通往村庄的那条小路也早已不知所踪。

就在他不知所措时，一位微微发福的中年男子走了过来，打量了半晌，惊喜地喊出了他的名字。石庚生先是一惊，看了来人好一会儿，终于认出了对方，正是住在村头的儿时玩伴石根云。两兄弟相见，又是握手又是拍肩，当即边聊边往村里赶。

石根云将庚生不在的这些年里发生的事情一一告诉了他。末了像突然想起来什么似的，有点不好意思地对庚生说自己快要当爷爷了。石庚生本来还想说这也太快了点，看到根云心满意足的笑容时，转而大笑着再次拍了拍他的肩膀，“有福，好福气啊！”一连说了好几遍。快到村口的时候，欲言又止的石庚生终于按捺不住，主动问起了春花的情况。石根云闻言轻扫了一下他的神色，慢慢地说了起来，她啊，现在挺好的呢。在你走后的第二年嫁给了柏林村的林伟健，夫唱妇随地做起了装潢生意，听说前几年开始组建了一个公司，女儿也顺利考上了一所不错的大学。你倒是说说你自己现在怎么样了啊？石庚生一直沉默地听着，没有回答，任那些早已预知的话和要停未停的雨，一齐下进他的心里。

进了村一看，几乎家家都住上了新楼房，“村村通”果然通到了家门口。他先告别了石根云，凭着记忆中的感觉，走到自己家老屋门前，只见斑驳的墙面隐在了半人深的杂草里，门前的老柳树越发苍劲，怕只怕它盘踞在屋基下的树根迟早推倒这老屋。倒了会怎样呢？自从父母亡故之后，他很少在这里停留过。石庚生发现自家家门实在没法进，只得硬着头皮，像以前一样来到陈大伯家门口。他朝里面喊了声“大妈”，年近七旬的陈大妈应声出来，不期见到了多年未归的石庚生，迎上去的刹那，早已是老泪纵横，赶忙将他让进了屋，手忙脚乱地沏上一杯他爱喝的新茶。正赶上陈大伯从田里回来，看到庚生自是喜出望外，一阵寒暄过后，语重心长地问起了他这些年在外打拼的情况。面对二老声声关切的询问，石庚生悲喜交加，只说了工作很忙，房子车子都有了，绝口不提至今尚且单身的事。

赶在中饭前，陈大伯带着石庚生去了石家的坟地，让庚生给多年未修葺的祖坟添上新土，插上崭新的五颜六色的幡。随风飞舞的幡纸和默默燃烧的纸钱让他在父母的墓前站了很久，他在心里向他们诉说着这些年在外的种种遭遇。虽然每年清明他也在异地按时祭拜，可终究比不上此时此景来得真切，那一刻，他忽然明白，这辈子走得再远，也抽不走早已深埋此处的根了。

三

做完了清明，叨扰了一个晚上，第二天石庚生依依不舍地与陈大伯和大妈道了别。再次离开的他，感觉到灵魂深处得到了某种充盈，前路依旧阴雨霏霏，脚步不自觉轻了许多。

临上车时，石庚生再次碰到了上次的小姑娘，相视而笑的两人很快熟络开来。他再次打量眼前笑靥如花的姑娘，有一种美好渗透了记忆。这样的年岁这样的性情，像极了当年的春花。如果当年我没有坚持远走他乡，现在陪在她身边的会不会是我？

等上了车，林小雨便和他聊了起来。也许是因为再度相逢，小雨说话放开了不少。其实昨晚在电话中，她已忍不住告诉妈妈这次回家的车上遇到了一位温文尔雅的“绅士”。结果可想而知，被妈妈狠狠地警告了一番，临挂电话时还不忘提醒她出门在外注意安全，别被坏人骗了。

现在看来这些都成了她的“耳旁风”了。从她的大学生活到工作还是考研，石庚生温和地听着这位年轻的姑娘说个不停，偶尔附和两声，自己当年毕业的情形仿佛就发生在昨天。他只是固执地在心里一遍又一遍地问自己：如果春花等了他两年，现在会不会是另一番模样？

四

不知不觉中，汽车到站了。石庚生帮林小雨拎起了行李，和她一起下了汽车，准备赶开往 G 城的火车。

“妈，您怎么来啦？您今天竟然抽空来接我啊！”刚下车的林小雨一眼就看见了人群中翘首企盼的妈妈，兴奋得像一只小鸟一样扑了过去。

“我担心你……”李春花话还没说完，就看见了小雨身后那个似曾相识的男人。两人相视的一刹那竟都失了神。

“妈，这位就是昨晚我跟您说的那位……”

“你好吗？终于回来了，庚生？”没等小雨把话说完，春花先自反应过来，笑着伸出了手。

“真的是你吗？春花，这些年，你好吗？”石庚生近乎颤抖地伸出了手，相握的那几秒，却恍若隔世。他做梦也没想到会在此地遇见她。

“还好，这是我女儿林小雨，估计你们已经认识了。小雨，还不快叫人！”

“妈，他就是你说的庚生叔叔啊？……不，是石叔叔，您好！”一旁的林小雨感觉到一阵眩晕，还是勉强自己笑着喊出了口。

五

人生就是这样奇妙！简直就像一个大圆圈，走着走着就回到了原点。只是时间在每一圈里都安排了新的故事。二十年前我错过一场繁花，二十年后又遭逢了一场小雨。而最终，我还是我，自己选择的路一定得走下去……

匆匆坐上南下的火车，石庚生心里升起了无限感慨，看了这个烟雨朦胧的小城最后一眼，再也没有回头。

稻草与女孩

王颖龙

2012级　汉语言文学

梦魇。

“轰”的一声，伴随着这声巨响的是那座被水浸透的大坝发出的最后一声沉重的叹息。那声叹息苍老而无力，相较于那声拆裂的巨响，它并没有引起人们太多的注意。

夜半时分。浑黄的水流咆哮着，将原本冲开的缝隙撕扯得越来越大，每一股水流都争先恐后，翻滚起白色的泡沫。

失去了水坝保护的村庄，面对这突如其来的洪水，就像一个脱离了母亲臂弯的婴儿，面对一群饥饿的野兽，还没来得及发出一声呻吟，便被撕扯得体无完肤。

房屋被冲垮，牛羊被淹得直翻白眼发出绝望的哀嚎，很多人被那声巨响惊醒，还没等他们做出太多的反应就被卷入了潮湿的黑暗。

光影绵长。

太阳缓缓地出现在天空，放射出迷人的光彩，连着下了很多天的雨，天终于要放晴了。

一根稻草随着水流上下起伏，它本是一堆柴草中的一员，大水把它和它的兄弟们冲散了，它就这样毫无办法地漂，心里满是恐惧和不安。

它在叹息，那声音和大坝所发出的相似却又不同，水势渐渐平缓了一些。忽然，它感受到了水面的一阵阵波动，那波动来自不远处。它探着身子向那波动发出的方向望去，水波的尽头，是一个女孩在挣扎。

往事重现。

那是一个春夏之交。或者说，夏天刚刚到来。那时候，我们的稻草还是一颗种子，它和兄弟们被洒在简略翻整过的泥土里，在不足一指深的水面下蓄积能量，生长发育。在随后的日子里，它们有短暂别离，然后在这片土地以更加齐整的姿态再次相聚。

就在它们重新相聚之后没几天，那天傍晚，夕阳的余晖还没有散尽，凉风阵阵从茫茫的稻田拂过，一个年轻的女孩来到这片水田。她缓缓地走来，随后静静地站在水渠边上，长长的发丝被晚风卷起，向着波光粼粼的田野飘飞，她看着眼前的景色，笑意朦胧。她被眼前这美妙的景色吸引、俘获，最后与这景色相融。她怎么会晓得呢，就在她望向那田野的时候，有一株幼嫩的稻苗被这一刻她的美丽所折服。

是的，在那一刻，我们的小稻苗暗暗地喜欢上这个女孩。

就这样，时光流逝，稻苗生长，女孩还是经常在傍晚来这里。于是，稻苗们开始猜测："她有没有喜欢谁呢？如果有，他会是谁呢？会不会在我们当中？"稻苗的猜测并不是没有道理的，在女孩那样的年纪，心里面总会有个人的吧。然而，那个人并不在它们当中，但却是它们都认识。他，就是那个亲手将它们插在田野里的少年。

然而，稻苗们不知道，它们仍然在猜测。这些七嘴八舌的议论让我们的小"稻草"心里乱极了，但它心里始终甜甜的。喜欢一个人，大概就是这种感觉吧。

每当女孩出现，它的眼睛便一刻也不离开女孩。它哪里会注意到，女孩那柔和的瞳孔里，映出的是那个少年人的潇洒与从容，他在远处的田垄上，他在她的目光迷离处。

终于，有一天，女孩开始说话了。

"你知道吗？我好喜欢他。"女孩说出这句话，面对着稻田。甜美的声音让它沉醉。可是，它并不知道，那个他是谁。

“他一定是个很优秀的人吧。”它这样想。

之后的每天，除了阴天下雨，女孩还是会来，默默地一个人说着只有自己知道的心事。也许，还有其他人知道。

漫长的夏季。女孩在这里度过那些难忘的傍晚，水稻滋长，水稻拔节，水稻抽穗。数不清的记忆与思念，数不清的甜蜜与忧伤，随着一缕淡淡的秋风渐渐远去。

小稻苗渐渐长大，它对女孩的喜欢有增无减。

一个秋风习习的黄昏，小水稻像以往一样期待着女孩的到来，可是女孩始终没有出现。接下来的第二天、第三天、第四天……

“她去哪里了？”小水稻的焦急与日俱增。

终于，第十天的傍晚，女孩来了。小水稻兴奋极了，它多想要向女孩倾诉自己的思念，多想赶快让女孩知道自己有多么喜欢她。

然而，女孩满脸憔悴，伴着两道明显的泪痕。

小水稻的心一下子紧了。

这时女孩开始啜泣，含含糊糊地说：“我还没有告诉你，我有多么喜欢你，你就……”

原来，小女孩一直喜欢这片稻田的小主人，那个每个傍晚都在田垄忙碌的少年。然而，那个常常带着温柔笑容的少年，却在十天前的一场车祸中永远地离开了。

那一晚，小水稻陪着女孩流了一夜的泪。

时光流转。转眼，收获的季节到来了，小水稻早已颗粒饱满。那一晚后，它再也没有见过女孩。当然，它也没有再见到那个亲手把它插在田里的少年。

收割，扬场，晒谷。这是农村每年的必修课，小水稻这时也被捆扎好，和它的兄弟们堆叠在一起，准备化成光明的火焰。它也在心里默默准备着和这个世界、和心里的那个女孩做诀别。

然而，那个冬天，小主人的父母因为伤心，并没有在家过年。小水稻就在寂寥中度过了那个严寒的冬季，直到春天的讯息来临，然后就是那场让美好破灭的大水。

百转千回。

小水稻看到那个在水中挣扎的女孩，那正是那个善良美丽的女孩，正是那个有着淡淡欢乐、淡淡忧伤的女孩，正是那个默默喜欢着一个少年的女孩，正是那个它日思夜想着的女孩。

情况已经容不得它多想了，它努力地向她的方向漂过去，慌乱中，那个女孩抓住了它，但是它的力量终究是太小了，它痛苦地看着女孩仍旧不断地被水淹没，此时的它多么希望自己是一截树干，或者一块木头，那样多少能救自己心爱的人。

最终它和女孩一起沉到了水里。几天后，人们在一摊淤泥里发现了一个女孩的尸体，女孩很漂亮，手里紧紧握着一根稻草。

文苑初鸣集

散文

她，从海上来

陈　丹
2011级　汉语言文学

青蓝的海面上苍茫一片。1920年，一朵海上花妖冶绽放。同时，在冷暖流交汇处，升腾的白色海雾如同一道白屏风，朦胧的空白上渐渐有了淡淡的人影子。打了底子的，像一张模糊了的仿古信笺，微凸出一个正缓步而来的人像。

她随浪而来，来时的痕迹依稀可见。很多书上都有关于她生平的介绍。但，我们对她知道的还是太少。毕竟，回不去了，回不去了，隔着滔滔不尽的似水光阴。即使如此，我们依旧可以在她作品的字里行间慢慢想象，慢慢构思那个有张爱玲的时代，有时代感的张爱玲。

一、凄凉淡漠张爱玲

如果她原先的显赫家世是灿烂而又耀眼的金黄色，那么她就是一抹变了异的偏白的淡紫色，高贵却又惨淡。像海上的一缕轻烟，浓浓的盘旋过后又在海外轻轻散逸了。

《茉莉香片》中，“我给您沏的这一壶茉莉香片，也许是太苦了一点。我将要说给您听的一段香港传奇，恐怕也是一样的苦——香港是一个华美的但是悲哀的城。”她，又何尝不是一杯茶，喝她时得当心烫，得尖着嘴轻轻吹着她，这样，苦涩渐散，芳香渐浓。她，又何尝不是一个华美但又悲哀的人呢？在作品里通晓人情世故，世间的一切在她眼里和笔下皆色彩分明。爱恨情仇她悉数掌控，万物各得其所，感觉一切静好。可在实际生活中却无法适用自身，常常拒人于千里之外，过着一个人的生活，主张享乐主义，内心却又十分悲观，一不注意也急匆匆地落入繁难之中。看了她的很多照片，美丽孤傲却很少有正脸对着镜头的，是在逃避些什么吗？父亲的无情暴力是让她心寒于亲情的无血刀刃了吧？现实的动荡不安是让她心死于封建阴云的重重重压下了吧？

二、笔酣墨饱张爱玲

踱步而来时，她一脚有力，一脚无声，一晃轻微，一晃惊人，一笔浓重，一笔苍凉。

她的小说同她的人一样是有个性的，她的文章如同魔域一样让走进的人永远无法忘记她的气息。一句话，几个字，便可一针见血地引出世间的万千苦辣和那肝肠寸断却不能言说的酸楚。往往，最朴素也最凄凉的一句话就将人世的苍凉尽收其间。这让我莫名想到《红楼梦》里潇湘仙子的“毫端蕴秀临霜写，口齿噙香对月吟”。同样有种不食人间烟火的味道。

如《色·戒》中王佳芝在等易先生良久后有这样的一段描写：“她又看了看表。一种失败的预感，像丝袜上一道裂痕，阴凉地在腿肚子上悄悄往上爬。”仅仅看了一眼，一种压抑感和阴森恐惧感便自心底油然而生，还有一种熟悉感，因为在等待一些重要的东西时，王佳芝的感觉就是我的感觉。我知晓，这是她的文字带给我的。还有，在王佳芝主演的爱国历史剧公演过一次后，因为“上座率居然还不坏，下了台她竟然兴奋得松弛不下来”。“松弛”这两个字用得甚是生动而精准，不知不觉间我们便可体会到一种心弦的紧绷感。随意的一笔就将一个人一整夜的心情道尽。

张爱玲对身边事物的描写也常常比他人来得形象而写意，她对灯的观察和比喻新颖独特。如“车身摇摇晃晃在宽阔的街心走，窗外黑暗中霓虹灯的广告，像酒后的凉风一样醉人。”

《多少恨》里红绿灯到她笔下便是这样一番景象：“在那挣扎

的洪流之上，有路中央警亭上的两盏红绿灯，天色灰白，一朵红花一朵绿花寥落地开在天边。”将这严肃的红绿灯比喻成柔弱无助的两朵花，无声的香气里便传来人和社会的无尽孤独和颓败。

三、试较丁玲与张爱玲

如同鲁迅和周作人，风格迥异的作品直让人怀疑他们是否真的是兄弟，是否真的是存在于一个年代的人。依作品而看，丁玲该是偏于鲁迅一类的，革命情怀浓烈，视生活如斗争，拥有激进的世界观，如他人评价“是一个可持刀持枪跃马战场的女战士”。而张爱玲该是偏于周作人一类，但又不是对生活的热爱，而是冷眼看世界，是一个内心大彻大悟后却有悲观的人生意识的大女子。

我不知道将这样两个女人放在一起比较是否妥当。但至少在1920 年到 1986 年这段时光中她们是生活在同一个时代中的，她们的作品也都清晰地展现了一个时代，一个被称为现代历史社会最重要、最动荡、最四分五裂也是最千姿百态的 40 年代。还有，至少名字里相同的“玲”字。胡兰成，胡也频，她们的第一个相公也好巧不巧地拥有相同的姓氏。

与丁玲对比，我更发掘到了这张家姑娘的独特和珍稀之处，也愈发爱她了。因为，一个能抽身于时代浪潮，一个能在年轻之时便写出那么些作品的女子简直是凤毛麟角，细读后便知道……

她，从海上来。透着海的神秘，沾着海的灵动，也浸上了海的凉薄。文章里自然传达着一种海的广阔。每走一步仿佛都是和着失传了的古代音乐的节拍，拍子落在了我的左心房右心室，和心跳一起齐鸣。忽然，她转过头，回眸一笑，音乐便戛然而止，那笑，凉凉的，孤傲的，隔世的……

渗透生命的孤独

洪淑瑶

2012级　汉语言文学

有种孤独像芦苇丛中的狗尾巴草，你存在却好像是透明的。

假期时一个人在人群中静静地行走，来来往往的人群中，我在走，他们也在走，可他们却不认识我；我在看他们，他们也在看我，可他们却不知道我在看什么；我在笑，他们也在笑，可他们却不知我为何而笑。也许，在陌生的人群中行走，我是透明的，也是孤独的，因为一切都发生在你周围却都和你无关。但往往就是这种孤独让人更加向往。

当一个人陷入思维的枯井中，我想，陌生的人群也许就是给枯井带来生命的源泉吧。就好像当时陷入迷茫的我，即使眼前车水马龙，街上熙熙攘攘，而我，也只记得习惯，习惯性地见到红灯停下，习惯性地看到小车闪开，习惯性地碰到人时避开，习惯性地麻木地行走。当时的我应该是孤独的，仿佛在一瞬间，整个世界与我都毫无联系。但就是在这种孤独中，我的思维才是自由的，我的理性才是大脑的主宰。孤独给了我灵魂深思的最佳空间，让我的思维可以在无限的天地间畅快地游走，可以独立地分析，思索生命里更深层次的东西。

往往就是在孤独中，人才可以真正冷静地想通自己的生命中最重要的到底是什么，才可以解开自己的心结，才可以冲破自己的迷茫；也往往就是在孤独中，人的生命才会仿佛增加了重量，更加有质感；人的思想才会更加成熟。孤独会使人成长。

偶尔会和朋友吵吵嘴，许是觉得委屈，许是觉得愤怒，时常会忘了自己想要做的事，想要说的话，但从不会忘了给自己独处的空间。常常在争吵后不顾一切地挣脱所有，逃到陌生的角落或街巷，只是想要一片可以承载自己思绪的天空。一角的沉默或一路的孤独往往是安详的。常在安详中询问自己为何争吵，争吵何用，别人受伤了吗？自己受伤了吗？知道错在哪了吗？是否是明智之举？经过孤独的过滤，往往能够让自己的心更加澄净，明白更多表面上所看不到的有意义的东西。街上熙熙攘攘，可是，不会有人在你安详的表面上看到你心中的波涛汹涌、脑海里的思绪澎湃。这是上帝给予每一个孤独者最珍贵的礼物！

还有种孤独是情感的需要，她恰是一汪清泉从心底流过，流淌过心灵，让心灵更加清澈，让情感更加接近自己的生命欲求。

我喜欢在秋季，独自走在林荫小道上，看金黄的叶子孤独地从树枝上落下，在空中旋转划出一道道弧线，然后静静地躺在残叶堆里。因为只有在花残叶落的季节里欣赏一个美丽生命的终结才会更加让我联想到生命的孤独。此时的孤独已不是因为透明，而是一种内心情感的孤独。

在一个萧瑟的季节里欣赏那曾是绿得流油、嫩如肌肤而现在却汁尽叶薄、脉络分明的叶子，谁能逃过伤感忧愁？在伤感忧愁中加上些许思索，又有谁能逃过孤独？这种孤独或许会更可怕，因为它往往是情感的倾泻，让人联想到生存的困境，联想到命运的不可抗拒，联想到人的无能为力。但可怕的东西往往蕴藏着更加惊人的力量。

我很喜欢卢梭和梭罗的孤独。

卢梭的一生并不为他同时代的人所理解，最终他选择了孤独。他喜欢一个人在林荫里散步，因为林中的一切生命都能使他的内心更加宁静。当他在孤独中静静地欣赏万物的生命时，他可以对一切不公，一切不幸都释怀，淡然处之。他的一生，渗透着孤独，孤独也渗透在他的生命。他曾告诉人们：“休想按照他们的模式塑造一个让·雅克，卢梭永远是原来的那个卢梭。”这或许是他孤独的最大的根源，他心有千千结却又没能遗忘了冷静。孤独让他的生命更加厚重，让他的每一个生命足迹都透露着他的生存哲学、他所坚持的真理。并不是每一个人都能承受这一份孤独情感的重量的！

而梭罗的孤独相比起来会让人更加愉悦，因为是内心自由的孤独。当他决定在瓦尔登湖独自生活时，他已经感觉到内心一种神秘力量在召唤，他觉得，大多数时间独处是有益身体健康的。他说："我从来没有找到像孤独这样可以做伴的伴侣。"瓦尔登湖孤独的生活并没有使他感到寂寞和失落，相反的，蓝色的湖水给了他更加澄澈的心灵和更加细腻的情感。他可以畅然地和大自然沟通，体会生命的本质，世界的秩序。他希望，他的一生都有孤独陪伴。

当我再次独自穿梭在人群，独自欣赏秋叶的静美时是在另一个安静的时刻，可是心情是那样轻松，感觉孤独又是那样奇特，以一种常人时常忽视的形式滋润着生命，所以不要害怕孤独，也无需拒绝孤独，让它成为生命的一种色彩，随生命而生，也随生命而逝！

生命是沉重的，也许会是一副枷锁，所以有一份特有的孤独也未尝不可。只有当你从孤独中走过，才会明白孤独对于生命的意义。狗尾巴草也有自己的一片绿，卢梭和梭罗也有自己的情感归属，所以，不妨保有自己独特的孤独吧！

也许，唱一支孤独的生命之歌，吟一首孤独的生命之曲，带着喜悦接受孤独，以孤独为伴，它也会成为我们思维的乐趣，情感的依托，生命的翅膀！

神遇天姥山

林超群

2011级　汉语言文学

昔者李白游于天姥，极言山势之高峻、雄奇，景色之奇伟、瑰怪。余甚奇之，实不能信其言。

及至一夜，蟾宫皎皎，厅堂之内宛若白昼，久不能寐。忽云烟四起，白茫茫虽一毫而不可睹视，只听得有环佩相击之声，鸾凤和鸣之韵，余怪之。及烟消而云散，恍若隔世。倏忽，一神山拔地而起，直接霄汉，日月因避之，唯恐不及。其上，云霞明灭，怪石嶙峋。适想此间不曾闻有此山，忽九天霹雳急转而下，巍巍高山，訇然中开，天雷滚滚，金光万丈。一天梯便扶摇而上，倚山而开，因势而转，真鬼斧神工矣！

因青云梯而上，石道两旁，渌水潺湲，犬牙参差，异域奇香夹道而迎，仙界异草插缝而生。亦有冥灵者，大椿者挺拔于层峦之中，饮晨露于重云之上。又闻皇鸟幽涧鸣，三青仙鹃和而歌。通臂灵猿倚绝壁，凌霄宝鹤栖老松。三足金乌贯青冥，虬尾鸱吻潜长河。林森森兮叠层峦，雾袅袅兮仙兽隐。囚牛巧藏石扉里，潮风没于枯草中。八方神祇频出入，九地诸仙自来去。季厘处山南，倍伐居山北。紫微大帝之行宫，灵宝天尊之道台。仙气氤氲终不散，日夜灿灿玳瑁光。

逮至半山，惊闻天鸡鸣日，未几，地动山摇，天地恰混沌之初开！其间，万兽喷涌，五彩鸾凤引颈而鸣，十方龙君仰首长啸。山岩震颤，黑水肆流，万钧巨石虽一瞬而摧！日月昏惑，不见金星。水鬼共工蔽日遮天，火神祝融擂鼓云巅。奈何吾之于神山，盖蝼蚁之于霸下，渺如沧海之粟粒。此情此境，若末世即临，余心悸而魂消，急倚石而长嗟。

俄而，震响趋停，云定风清，宇内复如初，始敢张目，吡嗟不已，只见身处一湖畔。湖之大，不知其几千里也，宇宙诸星若浮于上。湖水清净，光可鉴人，粼粼微波，滟滟漾荡，晶晶然如镜之新开而冷光乍出于匣也，又似倩女之靧面，细腻如新吐之蚕丝。于镜湖之彼，适才之神山，仙云环罩，依稀可辨。

于湖阴之潇湘中，忽转出一老翁，其鹤发童颜，须长丈有余，手提一壶酒，腰间二尺剑，身着仙域霓虹衣，脚履翩跹谢公屐。骑一通白神仙鹿，金口念念若有词，词曰："吾乃瑶池一散仙，尝至俗尘逍遥游。才高八斗学五车，久居神都翰林院。贵妃研磨，力士脱靴，李唐皇帝教我是词臣。经纶满腹不重用，奈何无路展英才。一身傲骨铮铮响，不肯折腰事权贵。赐金还乡游四海，遗留诗作万余篇，篇篇超世而独立，人皆称吾是谪仙。"仙翁语罢，吾呆坐半晌，及欲言，仙翁复道："汝是凡间一俗子，误闯仙山天姥峰，赏尽奇物与奇珍，惊动天姥众天仙。速速归去莫再来，休要言说此间事。"言毕，绣口一吐，如清风徐来，余之四魂六魄复又合聚。已而神定，环视，已无一物，盖一梦矣。

逐忆适时之景，其乐无穷，然期间之险亦了然于胸，如真亦如幻。又想那潇湘之仙骨，莫非诗仙李太白？余不敢妄测，不敢复言，始信《梦游天姥山别东鲁诸公》之言实也！

地　图

黎少清

2011 级汉语言文学

我家有一张中国地图。它贴在靠近餐桌的一面墙上。我们用餐的时候，抬头便可看到地图上的圈圈点点。

小时候，地图是我的。我常常在地图上寻找书本上看到的中国的名胜古迹，高山巨流。北至万里长城，南至三亚圣地，东到长江三角，西到可可西里。我每一次认真查看地图时，都觉得是灵魂在中国大地上空的一次神游。

每个少年都有一双隐形的翅膀，都有一个想飞的梦。我也不例外，对于从未出过远门的我来说，旅游的快乐只能在地图上寻找。我曾在心中暗暗地记下：我在何方，梦在何方。靠我最近的是哪个省份，靠我最近的是哪个国家。心想着：等我有了空闲时间，等我得到了父母的许可，我便可以背上行囊，独自前往那些省份，出游那些国家。天真的我对路途的遥远没有概念，认为旅游没有国度的限制。天真烂漫的梦是那样自由自在，无拘无束。

我已经记不清楚我把地图看了多少遍，我也不知道时间偷偷地流失了多少。我只知道大学录取通知书是我可以独自出远门的“许可证”。当我真正背起行囊的那一天，儿时渴望远游的梦即将得到实现的时候，我的心情是那样的平静，觉得那一切都是在意料之中的。看到父母送我到车站时，我没有表现得依依不舍。古人云：男儿志在四方。如今女儿也要为实现梦想而踏上“征程”了。从此，我小时候的地图就变成我父母的地图。我心里知道，地图在，我们都会在一起。

离家万里，方晓桑梓之美。平时除了想起故乡的父母之外，我想得最多的便是我那张地图。后来有一次，我打电话回家，问及地图时，母亲告诉我："自从你走了之后，那地图就只有你爸爸在看。我也不知道他看什么看得那么认真。我是看不懂的。有一次他在吃饭的时候，用筷子指着地图说：'这就是安徽芜湖，咱们的女儿就在这里读书。'"听到这里，电话那头的母亲或许不知道，她的话像一颗颗石子掉进一个看似平静的湖里，湖面上泛起了一圈圈水纹……

假日回家，母亲有一次讲起父亲和地图的事。她告诉我，父亲曾一次又一次地把那看似简单的地图给母亲描述得如何丰富多彩。他像是又做回了老师，母亲便是他的学生。讲课的内容就是：怎样在地图上找到女儿所在的地方。我不知道父亲到底跟母亲讲了多少遍，但当我听到目不识丁的母亲说："你是在中国的中东部那个地方上学的。"这让我很吃惊。她还很得意地说："你爸爸告诉我说，中国的地图就像一只鸡，女儿的学校就在鸡的肚子里。这话让我听了心里踏实！我觉得那就像你还没出世的时候待在我的肚子里那样！"母亲还告诉我说："有几次，你爸爸在吃饭的时候用筷子去量我们家到你们学校的距离。这都量了多少次了，每次都量得那么认真。你坐火车北上的那天晚上，你就不听我们的话。要你每到一个站都要打一个电话回家，你就不打。等你到了学校才给我们电话。可我们老了记性差，晚上还等你的电话。我们等不及就打给你，可你出去开会又没带手机。那时候把我们俩急哭了。我和你爸都老夫老妻那么多年了，我还从来没见过他哭得像个小孩那样。"母亲说到这里时，在一旁的父亲就讪讪地说："我这么老了，你爷爷也没告诉过我什么是父爱。你走后我才知道……"一向刚强如男孩的我，终于让内心的洪流决堤了……

突然想起那句诗：

"台湾海峡，

"再宽，也宽不过一片落叶。"

地图再大，我的梦飞得再高，也飞不出母亲的肚子。

我和家的距离再长，也长不过父亲的筷子。

树高万丈，落叶归根。

印象·旧书

皇甫一秀

2012级　汉语言文学

当我再一次走进三楼的阅览室时，从一排排泛着棕桐色光泽的书架中走过，毫无例外地再次遇到许多在等待中老去的书籍。

我翻过它们的书页，手指在纸页间摩挲，停留下我的目光和温度。它们蜷曲的页角，让我得知它们曾被无数爱知识的手温柔地抚摸；泛黄的书页，透露出时间的沉淀；落满的尘埃，泄露了它们长久的落寞。此时，若抽出一本快速翻过，你会看到若干细小的尘埃似小精灵般，在图书馆明亮洁白的灯光下翩翩起舞。

图书馆的旧书被人为地分成两块区域放置。一部分与新书一样，享受同等待遇，被放置在供读者借阅的书架上，以便某个“好古”的读者及时发现它们，让它们的价值再一次被验证。另一部分较之前者似乎就没有那么幸运，它们被锁入一排排灰色铁质书架中，与世隔绝。高大的书架紧密相连、排列有序，从阅览室内部无法看到它们，唯有站在门外，透过落地的玻璃墙，“窥视”几个书架间的缝隙，才得以一睹它们并未全部展露的“芳容”。

尽管部分旧书得以幸存，供读者阅览，但新书与旧书总是被放置在不同的书架上。它们之间的距离有时距离数米，有时仅一步之遥。好似象棋中交战双方，开战前只因那条窄窄的楚河分界，虽近在咫尺，也无法逾越。当然，也会有一些旧书被粗心的同学错插在一些新书之间，这使它们原本已毫无艳丽色泽且早已过时的包装，在一片五彩斑斓中显得格外醒目。我单纯地认为或许是哪位有心的读者“故意”地放置，从而希望能引起读者们对一本早已“沉睡”多时的书的关注。毕竟，在一片昏黄暗淡中，读者们极其容易忽视它们的存在，而选择目不斜视地扑向一片“新天地”。殊不知，那一片昏黄暗淡中绝大多数都是古今中外的经典著作，值得我们反复阅读品鉴。

一次偶然的机会，我在翻阅一本纸页泛黄的旧书时，意外地从中掉落出一张借书卡片。卡片上已经布满褶皱，边角也有点残缺。也许是长期夹在书中的缘故，卡片整体很平整，上面还有两位读者的签名和借书时间，字迹有些潦草，难以辨识。但这已足以在我心头掠过一阵欣喜，要不是身处阅览室安静的氛围，我差点惊呼出声。那小小的借书卡片，记录下每一个读者经过的痕迹，是一个个到访者的留念和签名。这不禁让我想到《情书》中的藤井树。他在一本本书的卡片上签上自己的名字。他热衷于做卡片的第一个签名者。他签下的是自己的姓名，也是那个他爱着的，与他拥有相同名字的女孩的姓名。在影片的最后，多年后的女孩，见到了在背面绘画着自己素描肖像的借书卡片，才了解到遥远而纯粹的情谊。这样的情节，它也许真实存在过，也许只是导演为观众搭建的一个场景，但可以肯定的是，以后再也没有发生的可能了。借书卡片，早已退出了工作岗位，取而代之的，是快捷方便的刷卡式借书。关于书的记录，全部被保管在电子系统中，却让我们的真实视线中一片空白。我们都成为了不出声的过客。我们再无从知道同一本书里，另一个阅读者的存在。

人与书的相遇，你若用深情的心去体会，会感觉出一种独特的美妙。翻阅一本内涵丰富的旧书，好比听一位已处于风烛残年的老人讲述一段陌生而遥远的历史。它们安静地躺在架上，执着地等候，尽管，这样的等待有时会经历漫长的时间。如果书有知觉，那么，它们该是最幸福的精灵。它们不发一言，却懂得所有。于是，我开始羡慕一本本旧书。羡慕它们的安静，它们的知识，它们的姿态。想象自己成为它们中的一员，任由自己平卧在微风轻徐的窗口，做一场春秋大梦。让自己忽略时间，忘记记忆，抛开一切。我仿佛只需静静地等候，一只手，一颗爱书的心灵，穿越重重时光的厚度，来到我的面前。

这又好像那沉睡在古堡里的睡美人，终日卧在荆棘丛生的宫殿里。然而，荆棘终有一天会开出花来，绽放于命运的腹地，摇曳于现实与理想的边缘，纵使经历一次次的颠沛流离，但都抹杀不掉意识里暗暗坚固起来的信仰。正如一切美好的事物，终究会为生命带来希望和明亮。

那一本本饱经沧桑的旧书更是生活中的典藏。如果没有它们，我们如何知道千年前的一株桃花灼灼如火？如何听见百年轮回时那蟋蟀在堂的鸣叫？一种遥远的生活，以文字的形式，旧书的面貌，纯白而赤真地袒露着无伪饰的真情。

读书，是一种生活。

习文献学有感

张　婧

2011 级　汉语言文学专业

献者，寓历史与科学价值于其身之物质载体也。文献学者，研究文献之产生、发展、整理、利用之学科也。梁启超首创其名，谓之曰“文献学”，且泛以史学为文献学。自时观之，盖属古也，可至清终民始之时也；自研究对象察之，盖属传统之文史学科，国学之谓也，以经史子集为要。

余习文献学所获颇丰，略陈其三。古语有云：“睹乔木而思故家，考文献而爱旧邦。”习文献学实乃爱邦之举也，吾中国泱泱大国，历史悠久，卷帙浩繁，其不可爱乎？此其一也。文献学乃博学之学，学之，然后知不足，吾等虽不比古人寄身于翰墨，见意于篇籍，然亦心怀鸿鹄之志，愿学焉。文献学博大精深，余深知此非一朝一夕可得也。故定恒习之，不辍也。略习文献之学，余始知己之读书甚少，才疏学浅，吾乃一中文系学子，中文系经久不衰，学子众多，余忝在其列，有辱中文系之名。此余之过也，望补之，广涉猎，泛阅籍乃补过之不二法门也。此其二也。习文献学，须以理论为基，博览群书，涵养知识。清王鸣盛有云：“目录之学，学中第一紧要事，必从此问途，方得其门而入。”余虽不敏，亦知中华之文化学之不尽，然犹慕圣贤之道，是故文献学乃必修之学也。此其三也。

子在川上曰：逝者如斯夫，不舍昼夜。余亦有感于此言也。初，余择文献学为院选修之科目也，欲借此长吾之学识。今余犹不悔初之择也。昔时，余以读得闲书几本略能识文断字为己之长于人也。今始知，为学者，学无止境，止于至善，唯学浅才疏，不思进取之人，安于现状，无超人越己之心。

课时将尽，余心有不舍焉，谨以此文，略表心迹。

想让自己变弱小

尹翠玉
2012级　汉语言文学专业

世界上，许多人都想让自己变得更强大，可是，我想让自己变得弱小，不再佯装坚强。

一直以来，在同龄人中，我都显得那么能干；一直以来，我都想表现得比别人厉害；一直以来，我都习惯了对你们说“不用，不需要”；一直以来，我都那么强大，强大到自己也想象不到。可现在，我想让自己变得弱小，让你有多一点理由来参与我的生活，有多一点时间来与我相处。

一直在外婆身边长大，一直与舅母情同母女，一直忘了说：“我需要”，一直没时间和你像寻常母女一样待着。我知道，我理解，你当初的不得已！一直忘了说：“我并不怪你！”

我想，我应该变得弱小一点，更依赖一点，这样，在每次和你通话时，我就有多一点的话跟你聊，像个小女孩一样，跟你抱怨一下学校的生活，发泄心中的不快。就不会再只是那几句干巴巴的没有感情的“不用”和“不需要”了！

我想，我应该更依赖家一点，这样，就在你当初提出高三要不要陪读时，我就可以理所当然并撒娇似的说：“好呀！妈妈真好！”顺便抱怨一下学校的住宿条件是多么差，食堂的饭菜是多么难吃。你就可以有多一点的时间和机会参与我的生活了！

我想，我应该学会卖乖，这样，在离开家乡远行到大学时，就可以乖巧地和你说：“你和爸爸一起送我到学校去好不好？”你就可以有机会出省看下风光。然后再无理取闹地说：“妈妈，你要在这里陪我几天再回去！”你就可以顺理成章地在这好好玩玩，就可以多休息休息了！

我想，我应该做个乖巧可爱的小女儿，让你多陪着我点，少劳累点！这样，别人就不会说你和我爸像姐弟和我奶奶像姐妹了！

你总说，等我三姐弟都有工作了，赚钱了，你就不用这么累了，你就可以享清福了！你还说，我是外婆和舅母养大的，要记得外婆的好！以后挣的钱给舅母花，你说人要懂得感恩！

一直忘了说，你们都是我一生要感谢的人！

一直忘了说，其实我没有那么坚强，其实我很需要关心和陪伴！

一直忘了说，我想给你一个拥抱！

我知道，一切还不晚吧！有一天我会将想法付诸行动！不会忘了……

小屋的眺望

何婷婷

2011 级　汉语言文学

我出生在一个有 36 户人家的何姓聚居地——何新屋，跟对面的何老屋隔坡相望。何老屋很小，分布在姚塘的沙洲上，远看就像一只螃蟹趴在鹅卵石上，努力吸吮着上面的水汁。何老屋有 10 户人家，有比何新屋古老的名字。但在何新屋人心中，它只不过是其中一支没落的何姓氏族，是发不了芽的，而何新屋才是正宗的何氏后代，所有何氏文化的精髓在何新屋才能得以绵延不绝，保存至今。

在上学前的记忆里，何新屋是一片有无数知了齐鸣的夏季枫树林，散发着斑斑点点的光芒。在一个用灰白砖瓦和黄泥土混合堆砌起来的气囊里，锅碗瓢盆，乒乒乓乓，一出出闹戏每天都在上演。屋外是一块块拼凑起来的稻田和水塘，一年四季，变换着不同的颜色，墨绿，昏黄，惨白，殷红。小屋像妖艳的女子，使人着迷。他们不曾想到，因为稻田，他们变得和谐亲近；也因为稻田，而变得自私贪婪。在何新屋的记忆里，水是没有颜色的烈酒，而天空是望不到边的空白。

我家屋后是一座用红砖砌起来的小屋，崭新，却清旷空瘦，像用血红色的积木堆积而成，用手轻轻一碰，便会轰然倒地。小屋是散漫的，静止的，渺远的，遗落在身体的某个部位，多年之后，会让人觉得痛。门口坐着的女人，仿佛是嵌在小屋里的一个挂件，一种可有可无的装饰。我叫她小奶奶，小奶奶是我们屋唯一一个常年在家的人，她是一个残疾人。在她那个房头，她是老大的小儿子的老婆，因为没人肯娶她，才嫁到了这。小时候看要猴子，被猴子爬到了身上，惊吓到了，回家后高烧不退，烧坏了大脑，后来两只脚便不能走路了，看到小狗在地上爬，便也学会了爬。两只手上套着穿剩的鞋，身子左右小幅度扭动着前进，屁股像鸭子笨重的尾巴，短而突出，直引天空。因长年爬行而变形的身躯显得笨拙，却也悠闲。她家屋前是一块明亮的空地，用水泥铺砌，凹凸不平，相互打着映儿，映着两只干瘪的乳房明明晃晃，像两块过夜的腊肉悬挂在土屋消瘦的屋梁上，摆动，招摇。她常坐在自家门口，神色空茫，仿佛想看穿小屋，又只像一尊雕像，坚硬呆滞。远处的天空，静止的白云，麻雀，电线杆，在她眼中跳跃，却又像死了般，如她用皱纹堆摺的眼睑，看不到生机。她这辈子没出过小屋，但那一次屋前头的二奶奶去世，她爬过去看了，抹了几把眼泪。二奶奶生前最爱在她家门口坐着聊天，听说死前还拄着拐杖，去小奶奶家坐了会，说来了一趟死了也没什么牵挂了。

她家的小屋像个古老神秘的存在，铺展在何新屋流溯的源头。使我感到既新奇又害怕，从内心升腾起的交错感往往会占据我一天的心情。

她男人是个身高不到 1.6 米的庄稼户，没日没夜地守候在田头，像一头耕牛那样干活。瘦瘦叽叽的，两腮凹进了颧骨里，两腿像支架支撑着他瘦小的身体，走路都能听见“吱吱呀呀”的声音，仿佛随时会倒塌。他的头发和胡须，从油墨变成了苞谷须的颜色，我叫他小爹爹。小爹爹是个不爱说话，但一说话就会让你感动的人。我爱听小爹爹说话，可是他总是很沉默，平时抽着自己装的旱烟，田里家里两头跑，只是在他儿子回家的时候说上几句，在他儿子走的时候说上几句，话不多。他的儿子大我 4 岁，却大我一个辈分，我叫他毛爷。他是我们屋学习成绩最差的，到了初中，数学还考零分。经常听到他和某某又打架了，还把某某送进了医院，追问起，大多都是因为那些人嘲笑他妈妈是爬着走路，嫌他家穷的缘故。那年他初二，我五年级，他突然休学去打工，当时我还不知道打工的概念，他是我们屋第一个出去的。听说他去了深圳，过年回家，我看到他，黑黝黝的，脸拉得很长，像精神了，又像营养不良。他穿着阿迪达斯的上衣，耐克的休闲裤，一双擦得锃亮的皮鞋，据他说这是当时最流行的装扮。他歪着头递给我爸爸一根中华烟，亲切地叫了声："大哥哥新年好，来，抽一根。"我看到爸爸将双手在破旧棉袄上使劲地擦了擦，又合起来搓了两下，才伸出去接这根烟的。顿时，毛爷的形象高大了，同龄人只有他有资格这样和大人交流，有资格发烟给大人，有资格在大人面前抽烟。这多令人羡慕啊，我顿时特想长大，能大城市看看啊。

我无法形容对小奶奶的感情，她家是我小时候待得最久的地方，妈妈农忙没时间照顾我，天晓便把我往她家竹榻上一放。天黑来拎走我时，往往我全身沾满了屎尿和食物残屑，大多都是山薯条和米角类的自产物。小奶奶从来都不管我，有一次我饿得哭了三个小时，她都没瞧我一眼。等我妈妈来接我时，我哽咽了一下就晕过去了。她说："丫头小时候不受点苦，以后会嫁到苦人家。"后来，我妈妈再也没把我放在她家，总是在胸前弄个蛇皮袋，把我放进去，像袋鼠一样。我在妈妈的胸脯间晃来晃去，总觉得头顶有两团软软的东西，饱满，不时地击打着我的头，使我眩晕。但是我却享受在蛇皮袋里的日子。有温暖的阳光和妈妈的乳汁，甘甜，浓烈。

等我长大一些，我就跟在了小奶奶女儿后面，她女儿有一个非常美的名字——枫林，我叫她枫林姑。枫林姑是个非常能干的女人，矮个，瓜子脸。八九岁就在田地里割稻打稻，洗一家人的衣服，烧一家人的饭菜，十四岁便出去给人家当了保姆，后来嫁到了陶屋，生了一个女儿，给小奶奶带。有一年回家，突然发现，枫林姑的女儿和她小时候长得一模一样，听枫林姑叫她怀玉。有一天，天气很好，我出来散步，看到怀玉正跟在枫林姑后面择菜，不时地问这问那，见到我，有点怕生，颤颤地叫了我一声"姐姐"。我给了她一包从江城带回的瓜子，突然感叹时间过得好快。何新屋走了一批人，又来了一批人，这么多年，他和她的类似，他和她的迥异，都是上天丢弃在何新屋的玻璃瓶，闪耀着光滑和虚幻。

这样的延续，是一种坚韧，也是一种信仰。这是小屋的一个时代，也是何新屋的一个时代，从幼嫩，成长，到荒芜，到获得新生。小屋用它的方式，在生命的轮回里，对何新屋绵延不绝的子嗣们，做了一次诠释和告白。

我带着录取通知书离开何新屋，在外面的世界里，打拼，生活，几乎与何新屋失去了联系。这些年，不知道何新屋又发生了什么，是不是超出了我理解的那个时代，在圆满和缺失中艰难地存活着，美好而惨烈。

但我时常会想象我老了，在小屋里坐着，看着堂厅顶上的风扇“咿咿呀呀”地转动着，回忆起在小屋发生的种种。梦里，我沿着水田，绕着小屋，走上一圈，满眼的墨绿刺痛了我的眼睛。我不停地奔跑，不停地被绿色绊住，找不到一个可以停靠的支点。

小屋于我的意义，我于小屋的定义，都在时光的年轮里，碾作了一点一滴的泥土香……

谌默日记三则

陈　琳

2012 级　汉语言文学

4 月 24 日　星期三　晴

人总是羡慕别人，比如说室友买了夏季的新衣，看着，便想着自己家那可爱的衣橱里躺着的最爱们。但是与大多数女孩子不同，我很矛盾。因为太喜欢自己的衣服，所以不喜欢在外面穿。所以就会撒谎，骗室友说妈妈不允许穿裙子。其实，真的不喜欢把自己最珍贵的东西弄坏，因为意外时时都存在。但如果在家里，就不会这样，因为弄坏了，妈妈会安慰我，但是在这里这样会使自己很煎熬，就像那油锅里的煎饼烙完这面烙反面。妈妈每次打来电话就是对我的折磨，她会一针见血地问要不要把你的裙子寄过去。虽然她对我的想法一点也没猜到。我咬咬牙说不用，心里其实有一千个愿意，多希望这时她能很强硬地偏要寄裙子，可是这是没有理由的事，我知道。所以我只是让妈妈寄来一箱 T 恤。女人是一个神奇的动物。她们总是用自己敏锐的眼光去审视周围的东西，尤其是别的女人的服装。或许，我以偏概全了吧。但至少我承认我就是这样一个女人。然后用自己的品位去衡量这个女人的品位。然后提醒自己避免搭配时的误区。

总是想让自己不一样，想要证明些什么。但事实总会告诉我，我只是个普通人。就像凯莉一样，想过着自己向往的生活，但只会让自己跌入自己织的网中。不知道别的女生是否会像我这样喜欢胡思乱想。但我喜欢自己这样。存在即合理。

4月25日　星期四　晴

生活就像一张网，当你挣脱出这张网时，又跌入了自己织的另一张网中，人就在不停地挣脱与织网中循环。等到最后的那张网将我们紧紧地束缚住了。从外面看像一个蛹，层层包裹住自己。这就叫作茧自缚。人们总是追求自由，却不知道自己所做的就是断送自由。当自己醒悟过来时，却已动弹不得。

也不必惋惜这样的结局。有因必有果，有你必有我，有水必有火，有敌必有友。当自己为自己织好最后一张网后，殊不知那才是解脱。有束缚才有自由。

晚上上课，自己就冥想出这些话。或许无理，或许是真理。

回宿舍后，又想起最近发生的有人上门推销的事，就想起"遇强则强"这句话。

一个强的意念与一群迷茫的意念在搏斗。当你退却，别人就会一步一步地把你的思想挤掉。所以我觉得我现在在写生，记录着一场思想的搏斗。当一个坚持自己意念的人攻击一群没有根的意念的人，它会很快渗透。但是这会让人很不爽。因为它过于自信，过于强硬。我甚至觉得可笑，一个没有思想的人，用别人传递给他的思想强塞到一个本有思想但无根的人的脑中，这好似一个看似不现实但却在现实中发生过的事。并不是那个人多么厉害，而是他过于自信，他的意念过于执拗。这样的结果就是要么成为他思想的奴隶，要么会激起你的思想，而这种思想会比他的更加执拗、更加强大。但或许会被那些被同化的人称为钻牛角尖。

或许，钻牛角尖，的确不能再轻易使用在与你意见相左的人头上。因为每个人都有思考的权利，每个人也都有遇强就会更强硬的权利。

4月26日　星期五　晴

通往教学楼的这条林荫小道，走过无数次，但这是我第一次在这条路上看见了三五成群的上学的人。哦，今天我起晚了，所以在这个时间段大家都上学路上。这条小道与嬉闹的人群很不搭，在安静的清晨格外刺眼。记起第一次走这条小道，还是去年 10 月左右。那天挺早的，这条小道只被三个人感知：清洁阿姨，一个拍照的学生和我。当我从转角拐进来时，并未注意周围的人，被麻雀的歌声所吸引，不知为什么平时一直觉得这声音很嘈杂，但今天，在初生的柔和的日光下，似乎一切都被施了魔法，麻雀的声音顿时变得柔和，好像它们吃了许多面粉。我不自觉地闭上了眼睛，但脚还在走着。想象着自己绘出的图画。突然前方传来了一曲交响乐，扫帚与地面的“刷刷”声，畚箕与地面的“嚯嚯”声，树叶与扫帚的“哗哗”声，以及阿姨的脚步声。我听得很清楚，一点也不糊涂。当我验证自己的听力时，看见在我的前方还有一个男生，个子挺高，但他右腿在前半蹲，手上拿着相机，看上去非常专业。是在记录着美丽的早晨吗？还是记录着这条小道？还是只是记录着快乐呢？我当然无法猜到别人的思想，但是突然自己也想记录点什么，于是一到教室便拿起笔写下。

书面语雅俗之辩

陈 怡

2010 级 汉语言文学

如今，网络上有两位女性甚为活跃：芙蓉姐姐与凤姐。细数两人的出道史，可谓相似。故作风情，矫揉造作，各种噱头层出不穷。然而，是否有人考虑过，为何众多看客要给她们冠以相似而又不同的称呼："姐姐"与"姐"？

芙蓉姐姐已从早期的卖弄噱头慢慢过渡到现在的励志奋斗，看客们对她的态度有所改观。然而，凤姐仍然不改当初造作之风，是茶余饭后的笑料。为了体现两者差别，"姐姐"与"姐"派上用场。

从语言学角度分析，"姐"音节短，比较口语化，读的时候一带而过；而"姐姐"要更加正式些。单就这两者而言，在较为正式的场合下，我们趋向于选择"姐姐"。而且，在笔者的家乡歙县，"姐姐"这个称呼有一种淡淡的尊敬感在里头，而"姐"就没有。

"姐姐"比"姐"要雅，而古文中基本不会出现"姐姐"，常以"姊"代之，如归有光《项脊轩志》中："闻姊家有阁子"。此处若是以"姐姐"或"姐"替换，可谓俗也。由此窥之，现当代文章雅的标准降低了，甚至已经不再讲究雅了。可联想桐城派代表作家讲求文章写作要清通。于是乎，后世文章的确通顺易懂，但是或多或少掺入了新词汇，降低了文章的"雅"，古文渐渐向白话文过渡。想起黄遵宪的诗歌《今别离》："所愿君归时，快乘轻气球。"其诗较早描写了海外伴随科技发展而产生的新事物，拓宽了题材，给时人耳目一新之感。但也就只是这种感觉而已，细读之索然无味，无法同“长风破浪会有时，直挂云帆济沧海”的雄壮气势相提并论；亦无“香气拘人，清梦甚惬”雅韵横溢，余香满口，回味无穷；更无《项脊轩志》全篇透露的辞洁情深。“桐城三祖”之一的方苞为文讲究“义法”“雅洁”。何谓“雅洁”？清真古雅，无俚俗语。当下韩寒之批评文章，与之不可同日而语。文章做不到《左传》、《史记》、唐宋八大家、归方刘姚的醇正雅洁，无可厚非，时代使然。但文章中如何能出现那样低级趣味的词语？在这一情况下，学习上文所提的古文写作方法尤为重要。在自我创作之前，必须先学佳篇。脱离继承，如何谈创造？那些不继承古人优秀文章，只顾自己批判他人的人，有风格吗？其所谓的风格，只是一身酸味儿，旁敲侧击，挠痒痒而已。真正好的文章，如姚鼐所言，讲求“义理”“考据”“辞章”；如方苞所言，讲求“义法”“雅洁”，内容、形式、音律三者达到和谐统一。因此，好文章读之朗朗上口，如珠玉之声，怡神悦耳。磕磕绊绊，堵塞不通者，就此层面而言，败笔也。当然，在桐城派没落之后，中国文章要想恢复旧时“雅洁”之风尚，难矣！新文化运动虽开创白话写作之风气，可亦断绝古文写作之后路。当然，这并不是全面否定白话文的价值。老舍之文，以极具特色的京味方言，塑造了光怪陆离的下层社会。白话文的魅力在老舍先生的笔下绽放光彩。类似的例子比如沈从文的代表作《边城》、汪曾祺极具幽默情趣的散文等，皆是齿颊留香之作。而前文所提的韩寒微博中常出现不雅之词，调侃之味浓重，禁不起反复咀嚼。由此可见，如今的白话书面语也应有雅俗之分。

无奈如今快餐文化盛行，不断出现各种“语体”：“淘宝体”“根叔体”“甄嬛体”……作为受过专业训练的中文学子，应当避免此等文化的不良影响，作雅洁之文。

我喜欢你喜欢我呢

丁　玲

2012级　汉语言文学

你是夏天摇摇曳曳的叶子里不小心漏下来的阳光，所以我是落到地上斑斑驳驳的快乐地乱颤的光影；你是故意闭上眼睛装睡的蓝天一动不动，所以我是在你眼底飘来飘去想要引起你注意的那朵云；你是春天被雷鞭打下来的第一场春雨，所以我迫不及待从泥土里钻出来想要抱抱一定很疼的你……因为你是你，所以我才是我。

你是我的指南针指向的方向，我的心眼儿也跟着偏到了那里。你是我脑袋里的那根弦，缺了你，我怎么也找不见回家的路。你是环绕我身边的气息，嗅到你快乐的味道，我的眼里到心里就一路开出暖暖的小花。你是我嘴角牵起的弧度，是后脑勺的马尾高高翘起的骄傲，是落到我眼眸的深色瞳仁，深深的，深到了心底……

我是街边小巷忽明忽暗的路灯（分明就是要坏掉的模样嘛），只在你路过的时候鼓足了劲儿亮上一阵子，你一离开，我就撑不住暗了下来。我是你们家花园里的那株山茶，凭着暖风吹，丰盛热烈地开，借着冷风起，丰盛洁净地落，想把最好的自己给你看。我是挂在你窗弦的一记风铃，小风轻吹我便痒得咯咯笑，一直笑到你的眉毛你的眼里，你的酒窝你的心窝里，你忽然觉得浑身上下都是满满清脆的喜悦。

你欢喜了。

我是藏在暮色里的星星，你害怕我眨眼睛的时候会被地上的恋人看见摘下来，你就变作了月亮遮住了我的闪烁。你太亮了，被地上的爱侣们一片一片撷下来挂在花前，然后你就一点一点地瘦下去了，只剩一个边儿了，我怕那一个边儿也要被人抢走，我就使劲使劲地眨着眼，要他们来摘我不要摘你，你看着我憋足了劲儿的傻样，就笑了。笑成了一弯新月。

我是古城早春的紫藤花树，你做白墙黛瓦轻轻地圈住我揽我入怀，要我住进你心底的院落。我赌气，我怨你占有、怨你圈住了我的自由。你默言，笑着耸耸肩，我蓦然发现经年的虬枝已旁斜逸出，花串的沉坠我早已不堪重负，攀在你的肩头，花藤若紫云氤氲开合。你说你圈住我，只想要我更安心地长大。

你是喜欢我了吗？

你说我的心里住着一片海，委屈起来海水倒灌从眼里流出来，怎么也流不完。眼泪流着流着就把自己裹了起来，我沉进了自己的那片海。你说你不知道该把我安放在哪里好，后来你就把那片海挪到了自己的心里，那片将我拥在怀里的大海。

你说你喜欢我，因为我是我。你喜欢我，因为我是那个生气了会“吧啦吧啦”吐泡泡的小鱼；你喜欢我，因为我是那个高兴起来落在你的眼窝里游来游去的水草；你喜欢我，因为我是那个阴晴喜乐悲伤在你面前无处遁形的我……我是我，你喜欢的我，我喜欢的你喜欢的我。

我闻到你是夏天的味道。上帝在一个夏天把你推到我的面前，悄悄告诉我这是我喜欢的你。又一个夏天，你在我的手腕上系上了一根红绳，你说这样就把我的笑、我的喜欢、我的欢喜统统系到了你的心上。夏天，夏天，我最喜欢的夏天，那是我降临的季节，为你而生。

我告诉你我做了一个梦，梦见我沉进了深海，快要窒息了，一只蓝色的大鲸用脊背把我托出了水面。你说是你怕我淹死偷偷地变成了大鲸鱼钻到了我的梦里。哦，那只大鲸鱼又偷偷地钻到了我的心里，大大的，占满了我的心……

我们遇见不容易呐，好像是迷路进了森林，怎么也找不见回家的路，兜兜转转，才发现原来离家的距离，就是从脚下到你那么远，那么远……那样远我走了好些年。我们都要好好的吧，就算我不能在黑暗中做你的灯盏，那我也要牵着你的手一起在黑夜中摸索，总能找到闪着微光的明天吧。如果你手上搬着砖腾不出手来牵我，那我就跟在你身后边牵着你的衣襟，我要你知道我在这里，我在你后边、在你心里、你眼里、你胃里的暖暖，跟在你后边不是要你来保护我呢，是想要你安安心心不受牵挂地往前走，前边是我们的城堡，我们会赶在黎明到来之际抵达。哦，我以为是从童话里掉下来的我们的城堡，我看看你的手，再看看我们的城堡，你腾不出手来牵我……

我喜欢你。我也喜欢你喜欢我呢。

成长有声却无言

杜　娜

2011级　汉语言文学

等青春轻飘的烟雾把少年的欢乐袅袅曳去，之后，我们就能取得一切值得吸取的东西。

——普希金

轻言篇

一

在记忆里，童年的冬天是一抹灰色的苍白，枯萎的枝丫与水面的冰层交相辉映，构成了一幅黑白萧索、断裂冰冷的景象。有时不结冰的水面上一层白色晕开的雾气，而湖边的松柏是一行沉重的暗青色。泥泞时被踩压的泥土并没有被冻结成硬邦邦的地面，脚踩过仍有弹性，那时的亲爱的朋友，谁还记得我们曾在上学路上探讨湖面钻出来的鸟儿是否是语文课本上的“翠鸟”？你们还记得吗？我不得而知。

二

乡下的袅袅炊烟看起来永远是温暖的小麦色，房间里的火炉仍然旺着，映红了被冬雪冻僵了的亲人的脸，可我却爱极了窗外一地的雪白，于是抄起长长的木棍条去户外的雪地上画画，或是叫上好玩伴外出打雪仗，想起鲁迅先生《故乡》里面用箩筐逮小麻雀的一幕，我有我的“闰土”，但我暗自思忖良久，终究未曾付诸行动。

三

儿时的时光欢乐多，天真无邪是大人们爱赋予孩童时期最美妙的字眼，我们总是在生活中捕捉到快乐的信息，不需要刻意安排，更无须苦心孤诣，想笑便笑，想哭便哭。在我们还不懂虚伪与矫情的年岁里，微笑和眼泪向来难能可贵。

四

成长，是每个人一生都在面临的问题，无论你是二十弱冠，还是六十花甲，都不可避免——年少的我们终会长成，而年老的成长终是衰老。当人至将暮，再回首往事，定是另种心态与看法。可即便春寒料峭，对于我们那些回不去的年少时光，依旧是“记忆中，还有你的脸，背景是绚烂的彩霞”。

独白篇

一

四年级你放学的路上，路过好友家，她伴你走一程，轻哼起那首熟悉的《遇见》，那时你还不知道周杰伦，你爱听广播，你还不知道你在初中会疯狂爱上“Music Radio”（音乐之声），你更不知道十年后你的大学所在的城市压根收不到这个频率；那个时候你满心期待2008年奥运会在北京举行，而现在，奥运圣火即将远赴大洋彼岸；那个时候，你花一两毛钱在小商店里买汽水，而现在，麦当劳的一杯豆浆的钱够你买一麻袋汽水了。

二

初中，你结识了很多新同学，那个坐在你后面的男生唱了一个学期的《秋天不回来》，听得你耳朵都起茧了；你和同桌却听着潘玮柏的《快乐崇拜》，你觉得这比时下流行的《老鼠爱大米》高雅得多。放学有值日的傍晚，总会有同学在等你一起回家。现在呢，你爱听英文歌，即使你一句也听不明白；你会唱泰文歌，即使你压根不知道你在唱什么；当然，你还会蹩脚的粤语歌，但绝不能在行家面前班门弄斧。

三

高中了，高考是重中之重，每天早起晨读和熬夜自习做题使你鼻梁上的眼镜又厚了一些。你为了各种考试挑灯夜战，你根本不会顾及脸上是否又冒出了个小痘痘；你为了期末考试考个好名次拿奖状回家时，不会八卦班里的谁和谁又走到一起了；你甚至为了别人轻而易举得到第一名羡慕嫉妒恨。总之，在一场场考试、一场场无关你的风花雪月过去后，高考是真的来了，你紧张到半夜才睡着。可是你终究是挺过来了，你以为到了大学就可以轻松了，可到现在，你已经知道，考前疯狂复习、奋笔疾书的同学比比皆是，但你，坐在教室里，再也没有曾经背水一战、悬梁刺股的激情了，你会怀疑你是不是真的老了，其实你也刚好只有二十岁而已，未出头。

季末篇

一

时光，不经意地走得太快，是心中绷得太紧以至于害怕轻轻地触摸，希望便会轰然倒塌，还是害怕青春太短而那些悲伤却好像如鲠在喉，耿耿于无数个无眠之夜。成长，有声无言，不能尽数成长的事例——数不胜数，可是心理的变化不言而喻却无法用文字言说。总之，不论你走过的这些年，你是幼稚到成熟，无知到有识，天真到世故，还是快乐到不快乐，你都无法再改变。

悉知人心良莠不齐，便不争、不闹、不寻觅、不纠缠。

二

我翻开关于曾经的一些纪念物，日记也好，照片也罢，一个毕业纪念册，一封信，甚至只是一份成绩单，都能勾起无限回忆，我如数家珍，希望多少年后，能感受到它们陪伴着我走过的漫长岁月。回想自己慢慢长大的历程，没有大风大浪，却又似乎并不平静无波。我努力做好我的“乖孩子”角色，一步一步追求我的梦想，就算有痛苦挣扎，也好像一切理所应当。

我只能在耳朵里充满悲伤的音乐时，轻轻地流泪；我只能在看到一幅扭曲的油画时，在心底无声地呐喊；我只能在陌生的路上看到一张陌生却隐忍着痛苦的面容时，默默地叹息；我只能在想找人说话，拿起电话却不知道该打给谁时，失望地放下。就因为这样，我才会看见那些隐藏在内心的黑色，从胸膛中汹涌着穿行而出，在我的眼前徜徉成一条黑色的河——哗啦啦，哗啦啦，绝望地向前奔流。

三

成长是一种抵达，是一种心态的变化，所谓抵达，便是从幼稚的年少到如今的成熟，学会理智、学会明智。我们褪去了青涩的外表，可爱不再适合我们，撒娇也不再是我们的把戏。

当你不再为一件小事生气而选择谅解的时候，这便是一种成长。

当你可以独自面对苦难，一切自己扛、自己挑，这也是一种成长。

当你能够在世界吻你以痛的时候报之以歌，这更是一种成长。

成长，是渐渐委屈自己、迎合别人的过程。可是渐渐强大的内心，却让你渐渐学会了怎样轻易地原谅。

一个人总要走陌生的路，看陌生的风景，有时，心会跟不上我们的脚步，需要我们的精心呵护与牵引。所以不要害怕陌生的旅途，成长，必须越过它，抵达我们心灵的目的地。

可是，我但愿成长中的我们，能保持我们纯真的天性和快乐的源泉，不移其心、不移其性，换一副皮囊去继续我们的快乐，而不在红尘中迷失自我，随波逐流。

成长，是一种抵达，有声，却无言。

成长是一种抵达

路　曼
2011 级　汉语言文学

运动会请假连着周末，我独自到北京走了一趟。自己选定地方，自己搜攻略计划行程，自己购买机票。我想自己独自上路，一个人听，一个人看，一个人欢笑，一个人落泪，与自己的灵魂做伴，以此作为献给自己的迟到的 20 岁的成人礼。最初是忐忑的，结束时却是坦然与怀恋的，也许我正是用一段游历经历一段成长，由此岸至彼岸。

生命也是一段历程，我们穿越荆棘，绕过深渊，涉过浅滩，前路茫茫，而回首来时的路亦已消失在大雾中，唯有记忆里还有曾经种种。身边的人也出出进进，曾经的爱、曾经的恨都走出了生命，而他们教会我们的却永远成为生命的力量。就像《夏至未至》里的那首短诗，“是的我相信他们都是天使，曾经出现在我们的生命里”。生命中活着是瞬间，死亡才是永恒。我们无法阻止岁月拉我们向前，也无法挽回那些离去的人，但我们有权追寻、珍惜我们的经历，我常对自己说要经历必须经历的，好好珍惜。也许会痛心一路走来失去的人、物，甚至因此走上一条妥协、放任或放纵的路，但是你是否想过只要心足够强大什么都是可以失去的。人可以离开，但曾经风雷、雾霭、虹霓共享的美好记忆是谁都夺不走的；物可以消失，但曾经共同拥有、互诉衷肠的点滴是不会消失的。所以何必因此就伤春悲秋，感叹一路走来的无常，以老庄的心态躲避呢。人生寄一世，奄忽若飙尘。本来就短暂的旅程，因为自己的退缩，还有多少属于自己呢。所以要有而今迈步从头越的气魄。

我一直很喜欢秦桑低绿枝，桑树可以恣肆地生长，热烈追求生命的绿意。人生苦短，不要因为害怕失去就妥协就畏缩，人生得意须尽欢，我们要有李白“天生我才必有用，千金散尽还复来”的豪气干云。李宇春也说“再不疯狂我们就老了”，为什么不学魏晋时的士人大醉六十日，袒胸露乳所展现的气魄。就像斯嘉丽一样疯狂地背叛这个世界又如何，我成为真正的我，证明自己的意义，虽然有一天会在这世上消失，我也可以自豪地说我来过。轰轰烈烈地做自己想做的事，也许还是未能达到预设的目标，但我们会收获一颗成熟的心，坚强富有韧性，更加宽容、更懂得体谅、更理解承担，我想这才是成长的抵达。

千帆过尽，人世或已非，但我们会收获一颗成熟的心。那颗心教会我们回首的态度。我们拒绝成长是畏惧失去，尤其畏惧失去身边的人，仿佛那些人的出现就是要我们懂得什么，等我们学会了他们自会功成身退，所以我们更愿意活在他们的庇佑呵护下，永远做最初的那个孩子。我们需要学会享受孤独，摆脱依赖，任何人都会走向死亡，没有人会一直陪我们走到最后，父母不行、恋人也不行。也许一种抵达就意味着一次告别。就像一将功成万骨枯，曾经那些结伴逐梦奋斗的人中只有自己看到曙光，他们有些以牺牲自我来成就你，当你享受封侯荣光时，那些往日战友情唯有月色浊酒可解，此时抵达了彼岸，只有你自己。当你抵达彼岸，你只能挥泪别战友。因此学会享受孤独我们需要练就一颗独立的心，但这并不意味着拒绝他人，一路走来携手并进的同伴可以成为知己，一同分享成长的足迹，这样即使成长经历苦痛也可以相濡以沫，相互支撑，所以要有一颗独立的心，也要有一颗接纳的心。我们也害怕随着成长我们要面对更复杂情形，万一失去了方向，万一变得世故、变得精明、变得油滑，那原来的我们还可以回去吗？你还会在原地守候吗？所以我们更愿意阻止成长，可是这只是一种自欺欺人。我想说无论成长以怎样的行迹发展，我们都不要失去那颗最初的心。那颗带着好奇的心，那颗载着善良的心，那颗包含单纯的心，那颗充满斗志无畏的心，那颗谦卑的心，不论走多远，也不能失去自己，否则你的抵达就只有毫无意义，你将成为无助的孤家寡人。

我们一路走来经历种种，不断失去、不断得到，在达到终点后又奔赴下一个终点，生命中的人来来去去。成长就是这样，是一种抵达，但有时我们更看重过程，怀着那颗初心去奋斗、去探索、去爱，让身穿越、让心成长，那么成长的路上才会繁花似锦。

我的爸爸

孙阳青
2011 级　汉语言文学

"一户人家添了一个小孩，邻居们都去道喜，有个小孩也想去，但是他妈妈担心他说出什么不吉利的话，不带他去，他跟妈妈保证什么也不说，这才得到了允许。于是他们就去了。小男孩果然只是看看，没说话，临走的时候他委屈地对他妈妈说：'我可什么都没说，这下他们家孩子死了不关我的事了吧。'"这是我听爸爸说过的最好笑的笑话，那一刻他脸上的笑容如孩子一般天真无邪。

我发现从小到大，给我最多安全感的是爸爸，那种感觉类似于你走在一条漆黑的巷子里，因为有了他的存在，你便不再恐惧。是的，在我眼里，没有什么是他摆平不了的。

中考失利，他在电话那端安慰哭得一团糟的我，终于相信，我是个爱读书的孩子，势必是要上大学的。读高中时，有一次他和我开玩笑："读书苦不苦啊，不如来帮我料理生意吧！"我假装误解了他，他便着急了，慌忙跟我解释，我想，恐怕再没有谁的误解能让他那么在意了。他会在我面前"不屑"地表示："你们安师大是不是一个三流的大学啊，你怎么不考复旦，唉！"可是在别人面前，他又会换一套说辞："我女儿上的是一本喔，嗯，女孩子当老师挺好的。"

我们在一起就是无休止的争论，大到钓鱼岛问题会不会引发中日战争，小到我嫂子是不是一个好儿媳，结果，总是难分胜负。

我很少把自己的心里话直接告诉他，因为他常常反驳我。不过，他在做一个重大的决定之前都会征求我的意见，即使我们之间隔着一个江苏省，即使我的阅历那么浅，即使我每一次都会在他分析利弊以后投奔他的旗下。

他很少会给我父亲式的关心，比如有一次，我跟他撒娇说我又瘦了，别的爸爸多半会心疼地让女儿加强营养，可是他却意味深长地说：“瘦点不是挺好的嘛。”是的，更多的时候，我是他的朋友。

他是一个精明的小商人，脑子里各种稀奇古怪的问题，比如，人类为什么造钱币，飞船为什么能上天。而我对他来说，是一个满脑子成语、歇后语和唐诗宋词的文化人，常常让他佩服和无奈。

他是个顾家的好男人，虽然我们在一起的时间并不长，不过，那并不妨碍他教会我担当、乐观、自信。

天之大，唯有你的爱是完美无瑕

汪宗哲

2011级　对外汉语

总想给母亲写些什么，却总怕这一支拙笔，画不出母亲那张模糊而又清晰的脸。

每当想家的时候，总会打开抽屉，拿出那张我从家里带出来的唯一的照片。这是父亲和母亲90年代初在常州的合影，他们的面貌依然清晰可见。照片上的母亲还是年轻时候的模样：长长的刘海，淡淡的微笑，穿一身浅色的连衣裙，略胖的身材盖不住她的美丽。她一手挎着一只黑色的工作包，另一只手轻轻地搭在父亲的肩上，而父亲刚把摩托车停在一棵老梧桐树下，双手还没来得及从车龙头上拿下来。最让我难以忘记的是他们的眼神，纯粹的目光里洋溢着对未来的无限憧憬和希望。后来，母亲每次看到这张照片时，总不忘说她那时好胖；也是后来，我才知道，那时的我正安静地待在母亲的肚子里。

现在，每当我看到这张照片的时候，眼前总会浮现出母亲的面庞来。可是，记忆中的母亲从来没有这么漂亮过，在我的眼里，她一直是那么普通而平凡着。

小时候的我，很调皮，而且有个坏毛病：每当不由着我的性子的时候，我就会赖在地上，大人们越说我犟，我就越放肆地在地上打滚，以表示我的不满。因为这，我没少挨母亲的打，打得多了，我还是改不了这毛病。可让我奇怪的是，似乎并没有多少人说我脏兮兮的，甚至还会说我穿得很干净，我那时还因此有点小小的自豪。

稍大，要上学了。记得开学的那一天，母亲对我说："到学堂里去，不能再调皮了，要当个好学生，知道么？"我看着她，点点头，她笑了，笑得像一朵花。而父亲则在一旁抽着烟，什么话也没说，只是瞧着远处，不知在看什么。

记得有一年暑假，我和小朋友们在一起玩弹珠。忽然母亲找到我。她拿着一个旧提包，一副要出远门的样子。我问她去哪，她告诉我她要去常州，还打算带好东西回来给我吃。那时的我还不知道常州在哪，只知道家里有很多的熟人在常州，我还知道那是一个很远很远的地方，要坐那种很大很大的车去。我望着她，舍不得她走。她似乎也不很情愿把我落在家里。同行的人来催她，她说再等等。她又告诉我说她出门只走几天，很快就会回来的。她还破例给我两块钱，让我买冰棍去吃。我很欣喜地跑开了。后来她怎样，我不知道，也没有留心。

晚上，我睡在父亲的旁边，问他：

"妈妈去常州干吗？"

"妈妈是去挣钱了。"

"为什么要挣钱？"

"家里要盖新房子。"

"那为什么不带上我？"

"因为你要在家读书。"

我低了头，不说话了，我似乎开始模糊地意识到有些东西是很难改变的。

"那她啥时候回来？"过了一会，我又开口了。

父亲回答我说："过年的时候，妈妈就会回来的。"

于是，我就开始天天盼着过年，过年的时候，就能再见到母亲了……

房子盖好了，家里也欠下一大笔债。为了还债，父母决定一块出门打工，把我留给奶奶照顾。那时的我，已经不再愿意他们落下我了，便哭着闹着要他们留在家里，或者让我跟他们一块出门。父母拗不过我，便答应我留在家里，一边照顾我，一边存钱还债。

这样的无忧无虑的乡间生活一直持续到小学毕业。那一年，我十二岁，离开家，独自一人去几十里外的县城中学读书。在那里，我看见了更多的高楼，看到了更宽的马路，知道了更多的好玩的新东西。每当我周末放假回家的时候，母亲总会为我准备很多好吃的，她总说，哪怕是一碗青菜，家里的油水也要重些的。而我，只会念一些母亲不会念的书。渐渐地，我发现母亲越来越落后了，我和她说牛顿，她不懂；我和她说英文，她也不懂；我和她说计算机，她更不懂……我和母亲之间的话越来越少了，我不知道该怎么和她交流，我甚至不很情愿她去学校看我。老实说，我曾经很瞧不起她，在我眼里，她只会在昏黄的灯下准备第二天的猪食，只会在厨房的灶台上转来转去，只会在河边的石板上边洗衣服边和其他人说家长里短的……她大概也意识到我和她的距离越来越远了。有一次我的瞎眼舅舅告诉我，母亲问过他是不是男孩子一般都会和父亲更亲近一些，这让我忽生出莫名的愧疚来。我开始重新审视我的母亲，当我更多地了解到母亲所经历的过去和她为这个家庭所付出的辛劳的时候，这愧疚在心里便像滚雪球一般越滚越大，压得我很难过，让我觉得我一直在母亲身上犯下了某种罪行。那时，我便更坚定地下决心：要以更好的成绩来回报这个家庭，既是为了自己的未来，也是为了能让自己对得起母亲。

我很顺利地通过了中考，考入了城里最好的高中，听到这消息，母亲比任何人都高兴，而她也一直也以我而骄傲。高中的几年，我都是在父母亲的陪读之下度过的。他们一边照顾我，一边找点工作挣钱补贴家用。临近高考的最后一个月，我因感冒引起了支气管炎。这让我很着急，生怕因为这耽误了高考前的复习。母亲也很着急，恰巧父亲在外未归，她遂辞了临时的工作不再干，整天陪着我看医生、开药、打点滴。那阵子，因为升学压力，我的情绪和状态都不怎么好，母亲便常常陪我去学校旁边的山水公园转转，一边逛公园一边聊天，我和她似乎很少有机会这么亲近地待在一起。以前是她忙着挣钱我忙着玩，现在是她忙着工作我忙着学习。高考前几天，我们几乎每天去一趟山水公园，山水公园并不远，从住的地方步行过去也很方便，我很愉快地用口琴给她吹《世上只有妈妈好》，她很高兴地笑了，山水公园成了我和母亲的山水乐园。后来，母亲还不无自责地说，要是她早点把工作辞掉，或许我不会害那场病了。

高考后，我来到芜湖读大学，至今，已接近一年了，距上次离开家，也超过四个月了。犹记得上次临走的时候，母亲特意起得很早，为我煮蚕豆肉汤。我吃完，故意撒娇地跟她说，还是家里好，还是妈妈好哇。可她却并不屑于此，反而说是她的不好以至于把我养得老瘦老瘦的。听了这话，我实在是说不出话来了，我想，从不把自己的付出放在心上反而时时检讨起自己的不好之处的，除了父母，很少有其他人了吧。

今年的 5 月 13 日，是我在大学里度过的第一个母亲节。那天，我坐在图书馆宽敞的自习室里，望着数不胜数的图书和高高的天花板，忽想起故乡的母亲来，总觉得这心里空落落的，连看书的心思都没有了，只想立马坐上回家的车，和母亲相见，可理性又告诉我不能这么做。和家里通电话，母亲似乎也总就那么几句话：我们在家里都还好。你在外面照顾好自己，也要给自己加加餐，别冻着，该买什么就买什么，只要不乱花钱就行。

最近，在柴静的博客里看到一张照片，那是一位年迈的老妇人，穿着旧式的棉衣，两鬓斑白，满脸皱纹，目光温和而憔悴，似乎在遥望什么。看到这张照片的时候，我确信，有一天，我的母亲在年老的时候，就是这副模样。想到母亲的老去，不禁又想到母亲的死。噢，是的，母亲总有一天会离开的，不管我们有多么不愿意。这世上还有什么能比母亲的离去更残酷的呢？这世上还有什么能比母亲的离去更令人悲痛欲绝的呢？母亲对我说：“我能活到六十多岁，就感到满足了。”我深知，母亲留给我的时间只会越来越少的。记得有一句话是说：“人世间有一种至深的悲怆叫作子欲养而亲不待。”我希望我能用我的努力能让母亲生活得更幸福，当然，不只是母亲，还有父亲。写到此，耳畔不断环绕起毛阿敏的那句歌词：“天之大，唯有你的爱是完美无瑕！”

后记：又要到母亲节了，心念旧恩，作七律一首，以奉双亲，兼抒己志。

离乡

正月元宵连雪晴，旦辞故土暮犹行。
乡溪漫涨英雄泪，春色空闻慈母声。
自古功名多落寞，可怜蹈海海难平。
江流水转波光涌，一曲清笛对月明。

岁月静好，彼岸无殇

吴梦雪
2011级　对外汉语

漫步青春，消逝在岁月的流年里，或许为获得荣誉而欢喜，却为失去密友而哭泣；或许为拥有健康而欣慰，却为错过美丽而惋惜；或许为赢得财富而安逸，却为限制自由而恼怒。总以为，“获得”“拥有”“赢得”才是一种成功。殊不知，成长的路上没有终点，每一步都是一种抵达。

登上高山，我们可以抵达顶峰；横穿长河，我们可以抵达彼岸；坚持不懈，我们可以抵达终点；日积月累，我们可以抵达成功。

抵达，不仅仅是躯体的归宿，更是一种心灵的归宿。

焦灼迷茫，踽踽独行

那些年，我还太年少，却毅然决然地选择了离开！离开生活了十几年的家，来到了这座陌生的城市。选择在这里开始灿烂的四年，在这里学会成长。诚然，我的躯体抵达了，那么心呢？

满怀着憧憬，来到这座清雅的城市。好奇、兴奋和希望交织在一起，一种无法言说的情感，许是在心中压抑了许久，等待了许久吧。可惜，新鲜感并没有持续很久，也注定是持续不了多久的。热情淡去，人住了下来，心该去哪里呢？

失去天空的一角，并不代表失去一切。最初憧憬后所见的失望，也不会成为一个人的全部。只是当所渴求的事情不能被兑现或拥有，总是让人失望、颓废，感觉过去为期望所做的努力已经白费了，感觉现在已经变得麻木起来了，对未来的向往突然中断了。在我的世界里，没有退路，不能选择返航，纵使我看不见彼岸的灯光，我依旧要遵循心中的方向远航。迷失之后，我不是更应该去面向自己的未来吗？

没有人愿意黑夜里与孤灯相伴，有时候却又突然迷失在人生的路口。带着这种情绪在路上走了很久，想掉头转弯，却看不见彼岸。一个人的时候总回想起一些尘封的记忆，或许是太孤单了吧。正如我很难体会别人的情感一样，别人也很难了然我的心情，即使体会到了，也无能为力，情感这个东西，只有自己才能解决。而我却选择留在自己的世界里，孤单地度过冬天。

其实有很长一段时间，我都这么孤独、迷茫。总是盯着手机的通讯录，从上翻到下，再从下翻到上，想找个人聊聊，却发现找不到可以倾诉的对象。好不容易下定决心找个朋友发条短信，却不知道从何开口。于是，短信写好了又删，删了又改，最后发出去的短信也就无非是些“最近好吗？”之类的问候。然而，无一例外得到的答案是“可以啊”“还行啊”，感觉是那么敷衍，于是越发越懒得联系。可是不这样又能说些什么呢？时间久了，再想联系也不知道该从何说起。时间拉开了我们的距离，我们开始陌生，彼此找不到共同的话题，这就是无法改变的事情，无法弥补的缺口。

现实往往都是这样子的，于是我只好寻找，因为我的灵魂有个缺口，就是与生俱来的孤独感。我寻找的就是不再孤独，不再迷茫，是一个人或者一个地方，是生命中意义的所在。只是我还没有找到，所以就一直一直地笼罩在阴影里，孤单迷茫地走在路上。

漫步青春，蜕变登场

还记得吗？那年夏天的我们望着天空，很自豪地说着自己的梦想，那时的天空很蓝很蓝。我们是个长不大的孩子，骑着单车，不知疲倦地向前奔跑，以为只要那样，我们就可以抵达我们幸福的远方。

当我们还沉浸在少时的快乐中，殊不知，那时的风景早已离我们远去，而眼前的风景就遗失在我们的沉浸中了。

翻开旧时的笔记，那看似拙劣的字迹不仅仅是知识的积累，更是我对未来的渴望。而翻过每一页，越来越接近现在的自己。看见了自己的迷茫，我所要做的，是面对现实，像凤凰涅槃一样，浴火重生。

我明白我已经长大，纯真固然要保留，却已经不属于自己，过去的五分之一的年华中，多是父母在为我探路，为我的前进扫清障碍。如今路还在，只是踩过的人越来越少了，没有人再为我探路了，我也不需要别人为我探路了，所以我在获得真正自由的同时又增加了一丝挑战，试着去尝试自己的第一次，第一次旅行，第一次存钱，第一次找工作……总之，未来是不可阻挠的，我只是沧海一粟罢了，很平凡的自我，而那救世主已远去。从蛹蜕变成蝶，我铭记我已经真正长大了，不仅是身体的长大，更重要的是心灵的！当我能够独当一面时，会有我想不到的挑战。过去的泪水还能换回点长辈的同情，可以后呢？

迷茫，只是我在准备化蝶而已。期间，经历了太多的痛苦，就像片片刀片，早已把我刮得伤痕累累，但我却因此练就了坚强的意志。在迷茫中挣扎过后，在试探过不同的方向之后，终于，找到了属于自己的那条路。焦灼的过程，燃烧掉了青涩的稚嫩，离开灰暗的阴影，抬头仰望明媚的阳光。

也许当初的选择是最好的，纵然有许多不适，有许多孤单和彷徨，我都要追寻我心中的方向。无论一个人的路有多难，我都会选择勇敢与坚强，我相信，终会有一天我会走出我自己，走出这些所谓的迷茫，去聆听青春的旋律，时光的馈赠。我相信，那些迷茫与怅惘是在告诉我如何在最失落的时候找到自己的方向，我想我应该感谢生活，感谢当初的选择，感谢那些让我学会成长的人，感谢这座陌生的城市，感谢他们让我学会坚强，学会哭泣后仍笑着面对。那些痛苦的经历，会是生命中的另一种成长。并不是所有的风景都那么美丽，并不是所有的结局都那么美丽，我的生活不是童话，我就是我，简简单单，普普通通。我会学着勇敢，不会沉溺于悲伤。那些经历不应该让我学会伤感与惆怅，而应该让我学会成长，学会更好地生活。我相信，那些快乐的，不快的，终将在未来的某一天变成美好的。

人生是一部电影，我们只是看了开始的片段，太快就按下结束键，又怎么知道未来的事情？生活还在继续着，地球还在不断地转动，我们不能因为跌倒就放弃自己，不能因为受挫就埋怨宿命，不能因为风雨就拒绝阳光，我们不能活在被自己美化了的世界里，我们需要为自己播放人生的精彩，为心灵的抵达护航。岁月静好，褪去青春的迷茫与无错；彼岸无殇，到达海天无垠的远方。

我的小学老师

杨　墨

2012级　秘书学

因为家族人丁兴旺，从小学到初中的许多同学都或多或少与我沾亲带故。老师也是如此，其中，我小学二到五年级的班主任高芳萍老师就和我是远亲。

2001年暑假结束，我坐在父亲的摩托车后座第一次来到乡级小学——大柏小学。大柏小学的学生数量比我之前就读的村里小学多多了，这么多人都在那栋三层的教学楼中上课，在家里或教学楼西南方的食堂吃饭，在教学楼东北部的厕所排泄，在教学楼北面的两个小卖部买文具和玩具，在教学楼西面校门外的大操场或与教学楼东部隔着一个死水塘的小操场上做操、玩耍，周一到周五的每晚打扫教室卫生后往教学楼南边隔着一小片松树和李树林的垃圾堆倒垃圾。

高老师便是在这所我当时看来豪华无比的小学与我相遇了。她长相美丽，又学过画画，粉笔字、钢笔字都十分娟秀。我还曾经在美术兴趣班中向她学习过素描、水彩和宋体空心字。

可就是这位美女教师曾一度是我的噩梦。她固然有温柔的一面，但打起人来也是很疼的。我经常因为没有按时按量完成作业而被她惩戒。有时她惩罚过我之后还不忘通知我父亲，于是我回家又被剋一顿。（“剋”这个字，就是老爸“寓教于罚”教给我的，在中学时，我又知道了它还有吃饭的“吃”、喝酒的“喝”、干活的“干”等意思。）

有一次高老师让正在早读的我跟她去办公室，我的心“咚咚”地跳，生怕是因为昨天惹出的某个麻烦而遭她责罚，哆嗦着跟着她来到办公桌边。她从桌上拿起一张纸，要我写字。原来有某个组织要举办小学生书法比赛，她让我参加。我是站着写的，中途写错一个字，高老师拿胶带把它粘掉了。后来我得知自己没有得奖，真是浪费了高老师的一番希望（还有我从父亲那要来的10块钱报名费）。

高老师十分注重我们语文基础知识的积累，她让我们轮流着每天在黑板上抄录名人名言来朗读，早读课的开头几分钟她会带着我们读一首唐诗或者宋词。在一个“五一”长假前她布置了集语文和美术于一体的作业：假期每天画一幅画，并拟一个题目、写几个字，我光顾着玩忘了做。于是，长假结束后的第一堂早读课上，大家都在教室里读书，我却站在教室外面趴在窗台上补美术作业。

有一张纸上，我在正面画了一个小孩骑自行车，在反面写下“骑车上学”。后来不知为什么我想写首诗，于是，在“骑车上学”下面就多出了这样几行字：

轮子踩踩踩，
车子跑跑跑，
草儿花儿笑笑笑。
可是一失脚，
头上跌个老鹅包。

其中，“轮子”应当为“脚踏”，“失脚”是“失足”为了押韵而变体的产物；“老鹅包”更是家乡的原生态土语，指的就是成年公鹅头上那硕大的土黄色不规则球体。这幅我在受责罚时情绪宣泄的作品连同其他六幅作业被我上交给高老师了。

有一天，父亲翻看我的美术作业本，发现了这首诗，顿时眼睛一亮，还从中挖掘出了我所没有想到的趣味。我原本设想的情景是一位天真无邪阳光灿烂的小学生高高兴兴地骑车上学，不幸遭遇车祸，因此我在“笑笑笑”后面用的是“可是”。但父亲的理解是一位懒惰愚蠢情绪消极的小学生在发现将要迟到后加快速度赶时间而造成车祸，草儿花儿的“笑笑笑”也就成了嘲笑。父亲在末尾加上一句“——今天上学又迟到”后将这首诗投向乡里办的小型文学刊物《红杏》。

初次见到自己的文字打印在纸上是很享受的事情，再加上这张纸的复制品已经被装订在一本本裹着软壳的杂志中让乡里的知识分子们阅读，我就不知道有多狂了，把这一期《红杏》放在桌上每天欣赏。

后来有一节早读课，高老师带着那期《红杏》走上讲台，在黑板上抄下了“轮子踩踩踩……”让同学们读。大家的目光集中了过来，我顿时感觉到脸发烫——那当然是被荣誉感和自豪感烧红的。

下课后很多同学纷纷跑过来问我是不是上学路上翻车了才有感而作，弄得我很没面子：哥怎么着也是个会写诗的人了，哪还像你们一样随随便便翻车？之后很长一段时间我都在鄙视他们不懂什么叫做文学创作。（杨墨这小子，别看他现在把自己收拾得人五人六，当年，他可是丑陋无比、行动迟缓，头发乱得像刚被鸡爪掏过似的，两条黄绿色的鼻涕就快淌到嘴唇时“吸溜”一声又回到鼻孔里，鼻尖不知道在哪碰上许多灰——就是这么个邋遢的形象，所以被同学嘲笑也就在情理之中了。）

高老师的鼓励让我对语文越发感兴趣了。

她除了让我们积累语文基础知识，还注意培养我们的观察能力、语言组织能力和口头表达能力。她曾经让我们在前一天准备好素材，次日为大家播报一条新闻。这无疑是十分有利于提高上述三种能力的。某次高老师布置作业时说：“今天晚上我们的作文写‘我家的宝宝’。”我还以为作文题目就是“我家的宝宝”呢，直到看见许多同学询问高老师她儿子的一些信息我才意识到原来老师的意思就是让我们写她家的宝宝，她经常带着宝宝到学校去玩。这位长得很有蜡笔小新神韵的太子被班里女生火热追捧，甚至可以封他为“全校超级无敌人气小帅哥”，这就使他产生了骄横的脾气。有一次他把我的文具盒弄坏了还死不认账，被我修理一顿之后哭着跑去找妈妈。

我记得高老师说他属兔，那么他现在应该在上初中了。不知道此时的“宝宝”是否还那么调皮，是否成绩领先众同学，是否让高老师操心……据我所知，教师对自家孩子的教育，一直都是比较困难的。

自从小学毕业几乎从未再见高老师，如今我只能在心里默默祝愿她生活顺心，万事如意。让我用一副对联来结束本文吧——饮流思其源，学成念吾师。

找　我

华　革

2011 级　汉语言文学

像等待阳光绕过千沟万壑照进窄小的缝隙一样，我在等待着一个叫作自己的人找到我。寻寻觅觅，时间的长河里我还是丢失了自己。

五月将至，桃子青了，粉红的花儿结出的鲜美果子已经让我垂涎许久。我在浓密的树林里找着，阳光潇潇洒洒，碎碎的洋溢在脸颊。我已好久没有这样调皮地爬上桃树，千枝万叶中苦寻一颗尖部泛红的桃子。或许，我是个在时间中逐渐丢失自我的孤独灵魂，因为没有栖息地，呼吸也失去了感情。

师大的蒲公英在干燥的半空炫出最亮的身影，姿态袅娜，风吹散了，就荡漾在泛青的河水上，飘落在细柳的嫩枝上。它们大概没有归属感，悬在半空时短暂的片刻思考就决定了以后的方向。绽放在枝上时还是个美丽的姑娘，一阵风后，就急切地思索自己的扎根立命之处。它寻觅着，落了，一切就都安静了。可能，我就是那悬在半空的蒲公英，站在高处，顿觉恐惧，也渐渐明白繁华尘世哪有一片归属，能安静浮躁的心态，收服那不安的灵魂。

我寻找着另一个我，安静、温暖、快乐、独立的自己。就好像“我”这个大写的字失去了惊人的一笔撇，顿时黯然成“找”的无奈。繁华几许，盛世聒噪，忙碌奔赴，偌大的世界，我走了很久很远。我看到了很多场景，听到了很多故事，原以为给自己画的圈子越大，就会不再孤单、不算颓废。终忘了匆匆忙忙，乱花迷眼，无一处是我所钟爱。

我想有一片黄土地，上面长满绿茵，还能听到青蛙跳到水里的“砰砰咚咚”，清风拂柳，斑驳的树影就好像美丽的书签，一张张泛黄的书页飘着古典的香韵，风声和着鸟鸣吟着质朴、纯美、风华。

我想有个美丽的梦，无论走到哪里，都会如影相随。走到海边，习惯捡起各色的贝壳，哼起春暖花开的小诗，踏着林荫小道，踢起满路碎石，就着树叶的“沙沙”声吹起童年的歌谣。我在慢慢地走，路很远，日落黄昏，一个人也不觉孤单，金色的梦总是洒在我甜美的酒窝。这是一个我，我苦苦寻觅的一副优雅、一幕青春。

我慢慢走，沧海桑田，只为坚守一片小小的心灵绿地。我是个疯子，会在执着中独辟蹊径，我疯狂地反抗着，呆滞地看着尘世对我的咒骂与不解。也许，坚持就是胜利，但是，阳光在湖面上破碎得可爱，不完整却仍我见犹怜，就好像我的坚持，无所谓成功，无所谓别人赞许的眼光，只不过是一种自我生存的姿态。大道走多了，人也看多了，就好想把自己锁在狭小的四方格，慢慢消耗着，逐渐缺氧。外面灰尘太厚，早已不适宜青年的生长，我逃避着，不想迎合。

当我意外发现这个校园有个隐蔽的红色亭子以后，就仿佛找到了新鲜的奶酪，每天都有了鲜活的能量。那少见的北方燕麦长在群草中被我偶然地看到以后，那种喜欢就好像杨柳抽出新绿，春天有了独特的色彩一样。那个傍晚，月色姣好，照亮整片心海，那些红的、绿的、紫的、黄的，我都早已看不清，但是却比以前更让人欢喜了。朦胧，本就是距离的恩赐美。每天明白地活着，虽有阳光和希望，却始终看花了眼，累乏了身子，终究只看到白茫茫大地爬满了虱子。月上柳梢头，那远处飘来的茉莉花香刺激着每根神经，我想我是醉在久违的亲切和芬香中，不愿醒来了。

大家都说迷茫着，不知所往了，于是站在桥头上看人看风景，越看越迷糊了，最后只能无奈地说一句：“那就这样吧！”我也是一个看风景的人，当有天有人告诉我，自己也是别人眼中的一处风景时，我的脚步也就慢了，总是不满意此岸风光，只恋彼岸无限好，天天鞭策着自己不停歇地奔赴彼岸，最后落得只剩一片空想。这边春色未看，那边已近黄昏。可怜的时间被我分割得支离破碎，一个月里安排着几个活动，一个个攻破，再一个个丢弃，最后吝啬到没有了自己的时间。最美的年华透支给了我不喜欢的琐碎，这么想着，我是不是太大方了呢？

花津湖是个沉浸着浓厚诗韵的长湖。午后的小憩时间，整个学校安静到仿佛只剩下自己一个人。阳光甚好，鸟鸣啾啾，整个人都融化在了这片安宁的空气中，一丝碎发携着笑意掠过湖面，掀起了微微的皱纹，仿佛快要撕碎满湖的阳光。一首诗，一杯茶，一个人，一个下午。很久很久，我起身准备离去，那个长发飘飘捧着诗的女孩，她的身影在清澈的湖里摇曳，湖中的她不正是找到一撇自己的我吗？

阳光柔软得像一片湖，漾在我的最深处。而我，就像一株潜藏在地下的小草，期望着一个春天。峥嵘岁月，我带着自己，带着春天，努力地钻出地面。

夏·夜·月

王玉娇
2012级　汉语言文学

夜已深。

月悄悄地爬上半空，散发着柔和的光芒。

伏在书桌旁，打开叶窗，眺望着遥远而又神秘的夜空，有种说不出的迷惘。抬头望，只见高楼座座，灯光寥寥。这时的人，大都已进入了梦乡。

夜晚的风轻轻地吹来，温柔地绕过发梢，拂过脸庞。似是年华曼妙的少女，又如妖娆的舞姬。丝丝清凉的风夹杂着些许紫丁香的味道。呵，是错觉么？这个时日哪有什么紫丁香？或许是桌子上的未干的字迹，被吹散了的优雅清香罢了。

轻轻呼吸，吐出沉重的压抑，感觉到了久违的轻松。平日的烦恼现已被这风吹散。久久压在心中的困惑，如今也随着风飘向远方。风吹进房中，碰响了风铃，发出“叮叮当当”的清脆声响，似是扬琴般奏出美妙的乐章。墙上的钟表也不安于现状，发出“嗒嗒”的声音，像是为风铃伴奏一般，一切都是如此安详美好，让人沉醉在这个夜晚。

朝窗外望去，只看得见星星点点的灯光，没有白天的喧嚣，也没有黄昏的吵闹，有的只是那无尽的静谧和辽远的向往。偶尔马路上疾驰而过的车辆，发出耀眼灯光和刺耳声响，突然间破坏了这一宁静的夜晚。一晃间，便也又恢复了夜晚静悄悄的模样。

在这片宁静的天空下，我置身于天籁般美好的境界，不禁浮想联翩。夜越来越浓了，房屋啦，树木啦，路面啦……好像一下子全部掉进了神秘的寂静里。遥望那浩瀚的夜空，夜色正浓。月光溶溶，如纱似绸。月光铺洒在大地上，月影朦胧。这时候万籁无声，只有那暖夜沉默的黑暗将它们团团围着。做巢空调缝隙中的小鸟，偶然从梦中惊醒过来，唱出一个羞怯清丽的调子。然后，仿佛经过一番慎重的考虑般，又是完全地静默了。

一到夜里，总有那股说不出的舒畅感萦绕在胸中，就如这夏、这月、这夜，让你在万籁俱寂中体会到那一份独有的宁静，感悟人生的真谛。

永不回故乡

程韵蕾
2011 级　汉语言文学

一处山峦一湾浅水，点染成为故乡永不暗去的背景，伴着数点寒鸦、几缕炊烟和灯火中明晃晃的笑脸，出现在多少游子的异乡梦中。但昔我往矣，杨柳依依，一别一还，往事成风，别去昔时故园天，归来是否依旧有那不尽的桃花笑春风？

有一种恋乡的鸟，年年飞离，年年归还，在一次次迁徙中耗尽生命，在一次次想念中将故乡情结铭于骨中，它的名字叫鸿雁。犹如鸿雁，我也有年年要归还的地方，遵从古老的乡俗完成一种名叫团圆的仪式，那是我出生的地方，父亲称其为故乡。

那是父亲长大的地方，有连绵低矮的山坡、遇雨则泥泞不堪的小路和随风起伏如浪的稻田。那里的每个村庄都印过父亲渐渐长大的脚印，他记得每个山坡的名字，就连村里赋闲多年的老牛也还识得他的气味。每每提及这些，父亲的眼中就像点着一只明烛，闪着莫名的亮光，然而总要加上一句："当然现在你是看不到了，该变的、不该变的都变了。"那明烛就如被风袭过般，灭了。我是不懂父亲的话的，只是在临近新年的时候催促他快买车票，盼望着那里别样的小吃。

如今再去看当初的自己方才明白，那根本就不是对于故乡的留恋，常年的迁徙和短暂的居处根本建立不起那么沉重的情感。我不清楚那里四通八达、曲折幽僻的乡间小路到底通向何方，不记得每个村子拗口别扭的名字，甚至不认识和我们有着血缘关系的长辈，若说那是我的故乡，连我自己都没有勇气说出口。

要是非得提一个，我在一个北方的小城中生活了十年，对它的念想积淀成厚厚的一层。十年能够干什么？一壶清酒窖藏出芬芳，一颗种子长成枝繁叶茂的模样，一个不谙世事的小丫头变得成熟多彩。记忆的唱片刻录的几乎全是小城的春夏秋冬。我在这里说着北方的方言，结交当地玩伴，追逐欢笑中绕过每个街角。春去春来，草木几多秋，我像背负着离开的宿命般又一次走出了这个城市。停留在一个新的地方一年又一年，回忆的浪潮不时地拍打着现实中的我。我总能记起小城的马路虽不泥泞却也因年久失修而变得坑坑洼洼，路旁是拥挤在一块的平房，墙角有莫名的野草野花，夏秋季节略略注意还会看见张狂的苔藓肆意生长。当然那里也有成堆的垃圾，说粗口、光膀子的北方汉子和扰人的苍蝇，但是再吝啬的人在回忆时也会成为最慷慨的慈善家，用黄金般的情感去宽恕忽略记忆中的阴暗面，只留下良辰美景，徐风好月奈何天。新生活中的一棵树一只鸟甚至某个黄昏都会让我想起有关故乡的点点滴滴，就像落入水盆的一滴墨，刹那间所有的水滴都染上了它的颜色，回忆往往就这样铺天盖地地袭来。

总算明白了乡愁于人是怎样的存在，就是心头上的一根刺，拔也痛，不拔也痛。

在离开四年之后，我又回到了当初的那个小城。站在曾经熟悉的街角，面对着平坦宽阔的马路以及路上匆匆而过的车水马龙，我感觉心中固守多年的什么正在一点点地崩塌。如果当时你站在我的身边，一定可以看见我怅然若失、不知所措的样子，我竟也做了故乡的新客了。如今的小城就像进城赶了一趟集回来的小姑娘，笨拙的时髦，楼层稀疏呆板，当年高大参天的杨树不知所踪，换成了如今无精打采的冬青，叶面上一层厚厚的灰。希望找到当时好友的家，入眼的却是一家超市，这才清楚了，物不在人亦非，当年所有皆成空。

故乡永不可归去，正如时间永不止步。若说时间是滚滚长江东逝水，掬之徒然，而故乡则是乘水而逝的扁舟一叶，人生难再逢。它其实并非一个地点，任我们来去自由，它只是脑海中偶一回首瞥见的残阳一抹，是和玩伴失落的那颗剔透的玻璃珠，更是相片中你永不满意的那个笨笨的手势，难再复制的，每一次的归还，每一次的忆及，都只能成为一种凭吊，徒增伤悲。

尽管如此，我还是希望有这样的一天：躺在院子中，天穹的星星轻轻颤抖着，很近又很远，悲悯地看着微不足道的我，以及同样微不足道的城市。

一个人的庭院，一个人的夜

张依新
2011级　汉语言文学

儿时，在入学前，我是一个内向的孩子，孤独，沉默。最深刻的记忆莫过于一个人坐在自家的庭院中，等待着父母农作归来，等待着夜幕降临。

眼见着邻居家的炊烟伴着徐风袅袅地升了起来，有时还会在院子上空打个转儿，我便知夜已近了。果然，抬首即见那红透了半边天的火烧云，像满园的罂粟一般，迷了我的眼，醉了我小小的心。打量着形态各异的红色云朵儿，小小的心儿便在一时间飞了起来，轻飘飘地飞到了那彩云之巅。有一块彩云距夕阳最近，也是颜色最为红艳的那一个，它的外形像一朵莲花，也有些像秋日的蒲公英，我似乎看见了自己在那片云儿之上欢快地奔跑。我痴痴地想，也许我是一个小天使，只是别人都不知道，而那云朵之上就是我的归处，只是我还没有找到去路，因为我给忘记了，但总有一天我会回去的。这时，我便又纠结了起来，如果我回去了，那我的爸爸妈妈怎么办呢？他们会想我的吧，我也舍不得他们啊。那我索性就不回去了吧，只要能偶尔上去玩玩就好，最好带上我的爸爸妈妈，到时候一定会让他们大吃一惊的！想罢便不由得自豪了起来，而那片云朵儿早已便成了骏马的形状，颜色也由艳艳的红色变成了璀璨的金色，不由得让我看直了眼睛，定定的，感觉那片云儿离自己越来越近，仿佛渐渐地向自己这边慢慢飘落——是来接我去玩一玩的吗？眨了眨有些泛酸的眼睛，那片云就又远远地挂在天边了。

云儿悄悄地退了颜色，夕阳也将大半个身子埋入地下，直到我看了它最后一眼，它才安心地埋入地下沉睡了。收回我的目光，蹲着小小的身子，将头儿掩埋在膝盖之间——我也困了，但我没有睡，草甸子里传来了阵阵蛙鸣，清风也送来了令人悸动的紫丁香的气息，我觉得这是那么热闹，又那么寂静。

许是有些饿了，我便进入自家的菜园之中，想要找点儿吃的了。熟练地拉开小门，我知道最初这一段路要小心些儿，因为这边有些树啊什么的，一不留神就会粘到树上的蜘蛛网，纠缠到头发上就不好了，很难弄掉的；还有那上边的蜘蛛，我虽然不怕它，但也说不上喜欢它，还是躲得远远的比较好。穿过沙果树和樱桃树的时候，我难免要停下一阵子。就着暮色盯着那又青又小的果子，暗怪它们成熟得太慢，有时还会十分不甘心地摘下一个放在嘴里尝一尝，“噗——”又酸又苦又涩，真是难吃死了，暗暗发誓再也不会吃了，殊不知过几天自己还是会忍不住重尝苦果的。这也就难怪到秋天时我家的果树上的果实总是比旁人家的少了。又走了没几步，突然草丛里窜出了一只蚂蚱，还没待我看清就又蹦走了，下次一定要抓到它，让它陪我玩上一阵子才好呢，我会拿来倭瓜花来细心地喂养它的，对了，我还会用高粱秸编好看的蝈蝈笼呢，是冬日里闲暇时妈妈坐在炕头上教我的，妈妈还直夸我聪明呢，我想没有蝈蝈用来装蚂蚱也定是不错的。啊，终于找到了黄瓜地，一个个好看的黄瓜顶着漂亮的黄色小花帽正在黄瓜架上荡秋千呢。这么多长长的黄瓜，可我偏偏一个也没看上，最后还是摘了一个小小的黄瓜扭儿，尽管妈妈多次叮嘱我那个没熟，但我就是觉得这个小小的没长开的才好吃呢。反正妈妈又不知道，我心想着。

黄瓜吃过了，而我并不满足，我记得就在这附近还有一片地是用来种西红柿的。我家这里的西红柿品种特别多，大的、小的、圆的、长的、灯笼状的、葡萄串的应有尽有，颜色也很多，红的、黄的、紫的、绿的……很多年后我在电视节目上看到有人推出一种新型的西红柿品种，就是绿西红柿，我对此并不稀奇，因为我小时候对于这种西红柿就很熟悉了呀，甚至还在心里将那些个做节目的人暗暗地鄙视了一把。我要找的那个西红柿可是与众不同的，也是我最最喜欢的，我们那里叫它花皮球柿子，因为它的颜色是花花绿绿的，样子就跟我小时候玩的一种花皮球一个样，那种花皮球也就比棒球大不了多少，现在的孩子应该是没有见过的。花皮球柿子不仅甜，而且皮是面的。不久就被我发现了一个，赶忙摘了下来，也不用洗不用擦，直接放在了嘴里咬了一口，慢慢地把里面的汁水吸光，这才吃了起来。

要生露水了，我得快点儿出去才是，于是深一脚浅一脚地摸了回去，仔仔细细地关上了园门。其实我是在故作镇定，因为这会儿天色朦胧了起来，小园在我看来就是神秘的了，又加上园门边上的那根电线杆上的电表一闪一闪地眨着红光，像极了奶奶故事里魔鬼的眼睛，我真恨不得快点关上园门，然后飞一般地离开这里。但我仍记得自己是个天使，天使是不能害怕魔鬼的，所以为了表现我的勇敢，我就像和谁挑衅般地慢条斯理起来，一边从容地关着园门，一边睥睨他处，故意放慢了手中的动作，意在告诉那个我臆想出来的魔鬼，“看，我是不怕你的!”

离开了小院，我的胆子就又大了起来，仿佛刚刚丢掉的胆子又回来了似的，这样就又不记得进屋了。我只把门灯打开，让它把院子照个透亮，于是乎眼神便被院角的一株榆树吸引住了，我就起了要爬上去看一看的心思，好在这株榆树也不高大，并且也不是很直，我爬上去还是很容易的。踩着树上的坑坑洼洼，我终于爬了上去，但并不敢爬得太高，在第一个树杈上就停了下来。正是北方榆钱翠绿的时候，折下一个最近的树枝拿在手中，只管将上边的榆钱一串一串地撸下来吃了，甜滋滋的。吃过了之后便索然无味了起来，索性看那天上的星星，乱糟糟的，它们为什么不能站得整齐一些呢？真奇怪，这夜晚仿佛就是另一个世界，天、地还有人都连在了一起，天地是多么大，多么远啊，我把手伸向夜空，仿佛抓到了，那一抹黑色就在我手中，又仿佛永远也抓不到似的。

在那天边，繁星下，有一盏又一盏的移动的灯笼，那是农人拖拉机的车灯，也许有我家的也说不定。不多时，田野里的灯笼一盏又一盏地消失了，而耳边拖拉机的“突突”声却近了起来。朦胧中，车上下来两个人，一个人影走近了，是妈妈，原来我踩的树杈才到妈妈的腰部啊，妈妈一伸手就把我抱在了怀中，向屋里走去。身后，一个声音响了起来，是爸爸，“怎么爬到树上去了？不怕摔了啊?”我晃了晃手上的树枝，“我想吃榆钱，我饿了。”

第二天醒来时妈妈爸爸又早已下地去了，炕上我的被窝旁还放了许许多多的结满榆钱的树枝，也许我永远也不会告诉他们，我爬上榆树，不是为了吃榆钱，也不是为了看星星，我只是为了张望他们回家的身影。

在路上

张方慧
2012 级　汉语言文学

飞翔不是因为风吹，而是源于一颗不安分的心。

夜深，月明，还有什么能够比它们更容易使人心静。我极喜欢在天高月明的夜里守着一盏台灯，探读自己的内心，用笔勾勒出跃然踏过的无畏脚印，描绘明天彩虹似的梦。

我从很小的时候就对大学充满幻想，所以大学这座梦之城堡在我心里似乎已经扎根一个世纪那般长久，并且在时光这杯醇酿的催化下，愈来愈璀璨夺目，令我沉醉。

我理想中的大学，该是一座广阔的绿色王国，满眼的古树，遍地的花草，走在随意踩踏出的条条小径上，可以感受到悦耳鸟鸣和沁人花香的熏陶。当我挥挥手告别懵懂的中学时代，一路披荆斩棘抵达这座理想中的城堡，我才终于满怀激动之情揭开笼罩在大学身上的那层神秘而美丽的面纱。

在路上·学习

现在我正努力习惯这里的学习生活。习惯坐在宽敞明亮的阶梯教室里，满怀渴望地汲取老师播下的知识精华，从那些丰富的人生经历中获得成长感悟并得到激励。我开始喜欢独自坐在图书馆、自习室，捧着一颗平静的心，沉浸到眼前的书里，在名家作者笔下的世界里徜徉。另外，我比以前更热忱于在夜深人静时用笔记录自己潇洒走过的青葱岁月，为未来的自己珍藏一段珍贵的记忆。

在路上·友情

一直以为朋友就该时时事事共同度过，嬉笑、玩闹，不知愁滋味。然而当我们在家乡挥手告别，抵达各自的青春操练场时，友情对我们来说似乎增添了一些成熟的内涵。我开始期望并且喜欢跟朋友们聊天，谈专业知识，谈未来规划，谈道路选择，谈奋斗目标。关注各个城市的天气情况，在变天的时候传递给他们以不变的温情提醒。当秋叶纷纷落下，当冷雨阵阵来袭，当雪花片片飞舞，朋友们的牵挂便如同手边的温奶一样，温暖着心窝，滋润着身体。于是明白，友情就是对他人的关心与牵挂，喜欢与感激。因为成长途中有他们相伴，我便明白，我不是一个人。我们，都在路上。

在路上·爱情

每个少女的心中都有一份粉色的甜蜜，都住着一个阳光般的少年，都渴望遇见一次浪漫的邂逅。从小时候起我便渴望像小说、偶像剧里的少女那样，在充满浪漫惊喜的大学生活中，趴在靠窗户的座位上，看明媚的阳光均匀地泼洒在来往少年的脸上，停留、绽放，心底奇异地涌起一股暖流，不知是爱上了哪个少年的笑容。午后，抱着书从操场旁边经过，看那些不知疲倦地挥洒汗水的男生们，目光在其中一位男生的阳光俊脸上驻足。然而，当我真正来到大学，当我真正有机会接触到各种类型的男生时，当我真正脱离了家长的监督和管制后，我却改变了小时候的想法。如今的我，还是对爱情充满了幻想，但不会刻意制造、追求爱情了，我希望以温和的态度、恬淡的心来等待爱情。它若来，我必倾情欢迎，真心付出，谈一场永世不忘的恋爱；它若不来，我决不气馁，不会强求，静心等待，它必定身在途中，假以时日，一定欣然而至。

在路上·亲情

我的母亲原本就是一位无私的、极其善良的女子，再加上我是个背生子，没有父亲也永远没可能跟自己的父亲见上一面的缘故，她便一直在用生命来爱我了。她爱我比爱我的哥哥姐姐更甚，因此只要是与我有关的事情她必定亲自料理才能放心。最近几年，因为我的哥哥姐姐去外地上学，所以我跟她在家里就更有一种相依为命的感觉了。如今，连我这个最小的姑娘也要外出求学，于是她便千分不舍与万分放心不下了。每天跟母亲的电话里我总是诉说身边的舒心事，只为让她安心，还有，我一直在她身边。我可以选择不离家，但我却不得不成长。所以，既然成长，就尽可能地让这一过程更加精彩。这不仅是为了我自己，更是为了我的母亲，为了我们以后的幸福生活。从此以往，我愿站成一架母亲期待的目光中的桥梁，让她的生活因我的努力而抹平一段坎坷。

如今，我来到一个新的生活环境里，开始了又一段精彩的、斑斓的、极其重要并且最终将成为值得我一辈子珍藏的成长之旅。我不知道未来是什么样的，但既然人在路上，又无处可逃，那就必须——坚定地走下去！

采桑——写给我的师大

胡依灵

2011级　汉语言文学

《诗经》曰："南有乔木，不可休思。汉有游女，不可求思。汉之广矣，不可泳思。江之永矣，不可方思。"温婉的师大如同一个明媚的女子，静立在江城河畔，可远观而不可亵玩。我神游在无尽的遐想里，愿倾尽满腔愁绪，研尽笔墨，一睹她的芳容。去年九月，我如愿以偿。

"桃之夭夭，灼灼其华。之子于归，宜其室家。"灿烂的师大如同世外桃源般吸引着我，我似一个即将出嫁的女子，羞涩地背上行囊。我摘下香樟的叶子，踏上跋涉的征途，游过碧水的花津，飞掠祥和的赭山。我沉醉了，我不仅沉醉在她的举世无双的容貌，更沉迷于她满腹的诗书才气。师大的校园充满着春天的气息，青春，阳光，活力，万物欣荣，勃发向上。她就像个引路者，用自己内涵的气质感染着每一个人，用辛勤的双手描绘出厚德的气度，重教的涵养，博学的气质，笃行的态度，让每一个师大人谨记，千教万教教人求真，千学万学学做真人。我如沐春风，醍醐灌顶，谨言慎行，用行动证实，我不枉为一个师大人。敬文图书馆就在花津河畔矗立着，不悲不喜，它用庄严的姿态迎接着每一个嗜学的学子，它包罗万象，静观其变，用满腹的学识见证着每一个成功的起点。

"螽斯羽，诜诜兮。宜尔子孙，振振兮。"师大用她多年修得的涵养哺育着一代一代的传承者。桃李不言，下自成蹊。优秀的学子在师大的庇护下，将教育的精髓永永远远地传承下去。我们不忘，当年的自己是如何迷茫在十字路口；我们不忘，自己是如何被指引着前进的方向。我们不忘，因为吃水不忘挖井人，我们有许许多多优秀的学者，他们言传身教，身体力行，用一方课堂演绎着毕生的精彩。怎会忘记教授幽默的言论，深刻的见解呢？他们是知识的传承者，是优秀的代言者，哺育一代又一代师大的学子，为学术的大厦添砖加瓦，让她枝繁叶茂，庇荫后人。老师说，我们要学会做人，先成人，后成才，在大学里学得恭敬礼让，谦卑有序，习得诸子百家，修身养性。这将终身受用。我谨记，并时刻提醒着自己，学做人，做事，做学问。我向懂事明理的学长学姐请教，同时我又做好学弟学妹的榜样。精神是代代相传，永不停息。

“春日载阳，有鸣仓庚。女执懿筐，遵彼微行。爰求柔桑。春日迟迟，采蘩祁祁。”在师大里，我汲取阳光，吸收雨露，在滋润的土壤里扎根成长。我从未忘记当初的渴望，在师大的芳容里倾倒癫狂。拿起提篮，整好妆容，打点上路，一路向阳，前去采桑。只要有心，必定会采到最优质的桑叶，在人生的旅途中，添抹最绚烂的一笔。我不求学富五车，满腹经纶，但我希望出口成章，文思泉涌；我不求我能炙手可热，权倾天下，但我希望尽自己最大的努力谋得一生平安幸福；我不求在尘世喧嚣中淡泊宁静，采菊东篱，但我希望能有片刻的宁静，不会走向迷途。采多少桑叶，怎样采，取决于自己，愿所有师大学子都满载而归。

一年的洗礼，让我褪去浮华的表象，我辛勤耕耘，收获成长。一路走来，我不会忘记师大的哺育之情，我试着，去收获，再去耕耘，开枝散叶，滴水之恩当涌泉相报。

栉风沐雨，砥砺沧桑，弦歌不辍，励学敦行。记着在阳光明媚的日子里，去“采桑”。采桑，哺育，将教育传承，将精神永驻。

似水年华终不再

吴　耐

2012 级　汉语言文学

2013 年 5 月 15 日，距离高考还有二十二天。转过头看看教室的后黑板，映入眼帘的是“雷锋魂”主题板报，而不再是看着让人揪心的“高考倒计时”。二十四天后，就是我高中毕业一周年的日子了。小时候，总觉得课本上的“光阴似箭，日月如梭”“一寸光阴一寸金，寸金难买寸光阴”之类的话是无病呻吟。而现在，我终于从流失于指缝的时光中读懂了这句话。

我不讨厌高中，尤其不讨厌高三。大一上学期，和我高中时期的邻桌，也是我的组长聊了很久。她跟我说起她做的一个梦：又回到了高三，又到了快高考的日子。然而高考那天，她却睡过了头……被吓醒时，她出了一身冷汗。隔了几分钟，她对我说，虽然她也像我一样怀念高三的那段时光，但是，却不想再经历一次了，太可怕。我听着，没有说话。我们都喜欢一首歌：《北京东路的日子》。“开始的开始，我们都是孩子，最后的最后，渴望变成天使，歌谣的歌谣，藏着童话的影子，孩子的孩子，该要飞往哪去。”这是一个毕业班写的，属于他们，感动我们的毕业歌。深夜，塞着耳机，一遍一遍地单曲循环。高中时代的那些人、那些事，一一浮现在我的脑海。

喜欢高三的苦和累，喜欢高三的竞争和压力，喜欢高三的奋斗和拼搏。我不害怕。如果可以的话，真的很希望能再经历一次。记得看到过这么一句话：“老师，我们的高考试卷还没分析呢，什么时候您有时间，再给我们上一堂课吧！”眼泪，不由自主地就滴了下来。我又想起了他们：胖胖的、可爱的英语老师；跟我们开玩笑，自己却先红了脸的数学老师；帅气的、幽默的语文老师；还有那时不时出现在窗外“监视”我们的班主任。你们还好吗……

喜欢高三，还因为，它让我真切地感受到了自己的成长。

无意间知道了家人隐瞒了我很久的姥爷去世的消息，就在那一夜之间，我长大了。我没有向家人抱怨，也没有在他们面前哭，只是开始拼了命地学习。“百日誓师”结束，妈妈抚着我的头说：“看你累成这样，当妈的真心疼。”我没让眼泪流下来，只是又往嘴里多扒了几口饭。

我不觉得自己累，因为我知道，爸妈比我更累。无意间跟他们提到，那段时间总是很困，整天都没精神，喝水、用清凉油，都没用。结果是，他们比我还着急。第二天，吃完早饭准备去上学时，看到妈妈站在门口张望，嘀咕着：“这人怎么还不回来?”我才知道，天刚刚蒙蒙亮时，爸爸就跑到了市场上，想赶在我去上课之前买些杨梅回来，他猜想，杨梅能够解困。鼻子又一酸，难道爸爸忘了吗？商店是不会那么早开门的。

就在高三，我开始懂得心疼爸妈，开始不再和他们顶嘴。每次，疲惫到极点的时候，想想爸妈操劳的身影，便会再次充满奋斗下去的动力。我，只希望，能让他们开心。

我的高三，很平凡，书本、课堂、学校、家，交织成一幅黑白相间的图景。我的高三，又不平凡，爸妈的爱，老师的苦口婆心，同学的携手相伴，为那单调的生活勾勒出了一架五光十色的彩虹。

我不是不懂得珍惜现在，也不是只知道追忆过去，而是，过去比现在给我的希望更大，憧憬更多。我甚至有些怕了，怕那些未知的存在。或许，也只是因为，我还没有足够的勇气，张开翅膀自己去飞翔。

那些曾经陪伴着我们走过青葱岁月的人，如今，又在哪里，做些什么呢？“那些花儿”，已经“散落在天涯”。即使仍有联系，也再也找不到大家陪伴在一起的感觉了。

我很想你们。

生命不能承载的抵达

张倩文
2012 级　汉语言文学

故城的秋天风沙很大，漫天飞舞的黄沙模糊了我的视线，总让我有一种流泪的冲动。手不自觉地挡在眼睛前方，指缝间泛黄的微光刺痛了我。我依稀看到了你泛黄的身影，两行热泪浸湿了我干燥的脸庞。

你是一个美丽的女人，也是一个美丽的母亲。在没有我之前，你是别人心中的女神，高贵，典雅，又略带一丝神秘。家里还挂着你年少时的照片，是你在海边照的。你身着洁白的连衣裙，置身于碧海蓝天之中。飘逸的长发在海风中吹出曼妙的弧度，黑漆漆的双眸闪烁着少女的妩媚，光洁的脖子在阳光下闪耀着圣洁的光芒。你就是这样一个美丽的女人。有了我之后，你的身上便更多了些母性的光芒，多少有点圣母玛利亚的味道。飘逸的长发随意洒下，脸上还残留着星星点点未褪去的妊娠斑。你怀抱着我，慵懒地靠在床边，看着我酣睡，脸上不自觉地流露出笑意。产后的你，有些微胖。脸也总是微红，像是酒后微醺。你就是这样一个美丽的母亲。

可是上帝似乎总是喜欢漂亮女人的眼泪，你美艳动人却又注定苦难。我的外公外婆很早就去世了，虽然给你留下了丰厚的遗产，让你衣食无忧，但你一个人独行于世免不了孤单寂寞。后来，你结识了我那薄情的父亲。类似任何一部狗血的言情剧，他为了自己的前程，抛弃了怀孕的你，搭上了老板的千金。可笑的是，他并不知道你拥有巨额遗产，如果知道，他可能会假仁假义地多爱你几年。而你明知道我身上流淌着那个负心汉的血，明知道生下我要付出怎样的代价，却还要坚持生下我。你总说有我陪伴生活不再孤单，你总说看着我成长会很有成就感，你总说我是你生命的延续，你总说我的成长是你生命不能承载的抵达。

当我还在襁褓之中时，你依旧美艳动人，身上透露着少妇的风韵，年轻的脸庞闪耀着母性的微光，皮肤如同剥了壳的鸡蛋般光洁。初为人母的你把我看作是你的整个世界，你是那样在意我的哭泣，不忍我流下一滴眼泪。每当我饿了的时候，本能地拼命哭泣。而你却会因此紧张焦虑，紧蹙着眉头，眼神里夹杂着些许忧虑，额头上渗着细小的汗珠，温柔的手不停地上下抚摸着我的脸，担忧我是否病了。而当你意识到我可能是饿了，便一下子舒心地笑了，紧蹙的眉头舒展开来，细纹如同水面的涟漪般缓缓消失。你伸出纤细的手指点点我的小脑袋，嗔怪道："小东西，饿了也不知道和妈妈说，哭得妈妈好担心哦。"温热的乳汁就这样灌进我小嘴巴里，我醉心在乳汁的香甜中，渐渐酣睡。你总说你害怕我哭泣，你总说你爱我胜过爱你的生命。

当我五岁时，你似乎有些显老了。眼睛深深凹陷下去，不似从前那样漆黑发亮，有些无神，有些呆滞。眼角也出现了一些与你年龄不相符合的细纹，暗示着衰老的讯息。我在幼儿园里听到有别的小朋友议论你好老，没有他妈妈好看，便愤怒地打了他。结果老师严厉地批评了我，还叫来了你，要求你对我严加管教。我怯怯地躲在墙角，心虚地偷瞄着你，小手紧紧地抓着衣角。而你拉着我的手就带我回了家，回家的路上你一语不发。空气寒冷得快要凝结，你冷漠得让我害怕。回到家，你一把把我揉进怀里，告诫我下次不许这么任性。而我却固执地用手抚平你眼角的细纹，带着哭腔说："妈妈一点也不老，妈妈是全世界最美丽的。"你忍不住笑了，细纹卷成了一团，像一朵秀美的菊花。你总说只要我不惹你生气，你就不会长皱纹。你总说我长大了，你本来就会变老的。

当我十岁的时候，你似乎衰老得更快了。眼下挂着深深的眼袋，青中发紫。深深的鱼尾纹狰狞地攀附在你的眼角，法令纹也清晰地出现在你曾经年轻的脸上。更可怕的是你不再像从前那样年轻有活力，行动开始迟缓，好似快要步入暮年的老奶奶。此时的我已上小学，我时常捧着你的脸，担忧地抚摸着你脸上的皱纹，猜测你是否得了什么怪病。而你仿佛总能猜透我的心思，微笑着打消我的疑虑，你总开玩笑说道："因为你长大了，所以妈妈变老了呀。"只是你不知道我的眼睛里写满了心疼与怜惜，你用生命爱护我的同时，我也是如此深爱着你。可是我也同样害怕同学们用异样的眼光看你，我害怕他们会伤了你的心，所以拒绝你接送我上学放学，只是没想到伤了你的心的人居然变成了我自己。当你意识到什么，察觉到什么的时候，你只是无力地跟在距离我很远的地方，坚持接送我上学放学。隔着这么远的距离，我还是能感受到你微微发颤的脚步，还是能想象到你受伤的眼神。你总说我长大了就开始嫌弃你老了，你总说你还嫌我太小。

当我十五岁时，你是真的老了。老年斑无情地爬上了你的脸庞，脸上放肆地纵横着各种皱纹。你身体的每一寸肌肤都皱得像要打结，显示出深深的沟壑，手脚也不再利索，稍有活动便大喘粗气。此时我已上高中，有一天我放学回家，发现你倒在地下，脸色苍白，蜷缩成一团。我惊慌得大脑一片空白，几秒钟停留后才叫来了救护车，把你送进了医院。医生告诉我，你患的是一种罕见的遗传性衰老症。一般女性如果不考虑生养孩子，可能发病率较低，一旦生养孩子，发病率是非常高的。发病后，患者以惊人的速度迅速衰老致死。我想外婆也是死于这种病，只是现在轮到你了。我拿着诊断书，痛苦地坐在你身边，不断捶打自己的脑袋，想让自己的大脑不再那么混沌。你渐渐苏醒了，缓缓睁开眼睛，枯燥的手摸索过来，拉住我的手，无力地说："你都知道了？"我泪眼朦胧地点点头。你气若游丝地说："不要难过，孩子。看着你一天天成长，抵达人生最美好的时段，我可以放心离开了。"我用手紧紧捂住嘴巴，不让自己哭出声来。你总是说看着我成长是最幸福的事，你总说即使你离开了也会变成天使爱我。

当我二十岁时，我已长大成人，成为一名优秀的大学生。而你已静静躺在我面前这座坟中，不会再对我笑，不会再说谎安慰我，不会再呵护我成长。故城的秋天风沙很大，墓碑上到处都是尘土。我用手轻轻抚落那些尘土，你墓碑上的照片便显露出来。照片上的你美艳动人，微笑着让人心碎。我的泪滴在墓碑前的泥土上，很快渗透下去，不知道你有没有感受到我的思念。你总说等你离开了不要想你，你总说即使你离开了也会想我。

成长是一种抵达，我抵达到了人生最美好的时段，风华正茂，而你却抵达到了生命的尽头。你以生命为代价换来我的成长，我的成长是你生命无法承载的抵达。

我的外婆

赵彩玲

2011 级　汉语言文学

她是童养媳。13 岁的时候，就被送到了外公家。还没有灶台高时，就站在小方凳上，烧饭洗碗；细柔的胳膊挎起菜篮，喂养家禽；提着锄具，下地干活；日复一日、年复一年地照顾外公一家人的衣食起居。

自打我出生的时候，就没有见过外公。在妈妈和爸爸刚谈恋爱的那一年，外公就丢下外婆和七双儿女，撒手人寰了。外婆过的最苦的日子也就是失去老伴的那段灰色期。家里的经济支柱和精神依靠，顿时间，倒塌瓦解了，那种状态可想而知，她几乎每天处于临近崩溃的边缘。有时候突然的打击，比慢慢的痛苦折磨，更叫人撕心裂肺。最终她还是熬过来了，用不知疲倦的劳动，去化解思念至亲的磨人时光；用她那布满厚茧的双手，撑起了一片天。

外公去世后，家里的子女也渐渐成家立业，各自都有自己要忙碌的事情，外婆也不便将自己思念外公的愁绪告诉他们，于是便寻香烟作为精神上的寄托。想念外公的时候，便掏出一根香烟含在嘴里，点燃。在徐徐上升的烟雾中，思绪也随之萦绕，或许这样就可以把惦念外公的情愫转移到其他事物上来。记得家里还有一张表哥结婚的时候，外婆嘴里含着根香烟的照片。每次在抽屉里翻到这张照片时，都会拿出来给外婆好好看看。她总是定睛地望着泛出疲惫的黄色相片，思绪霎时间回到那个雕琢着有外公的时光。

家里有老人或孩子陪伴，生活好像又多了几分调味剂。没事的时候，最喜欢和外婆逗着玩了，让调味剂充分地发挥它的味道。我们都知道，人一旦上了年纪，骨质就会变疏松，个子也会随之缩减。外婆在年轻的时候个子是很高的，可是现在，越发缩得厉害了。每次外婆站在镜子前梳头的时候，我都会跑过去，凑到她身边说："外婆，我比你高了耶，你只在我下巴那了啊。"有时候，甚至还特意找一些妈妈的高跟鞋穿着，和外婆比身高。她笑了，撅起嘴，佯装着生气，丢下一句："你这个小东西。"而我的恶作剧似乎就成功了。

其实，老年人是最像小孩子的。正如老子所讲的，生命是一个返本复初的过程。当人渐渐老了，在他们的举手投足间，可以看出孩童的天真与乐趣，欢时舞，恼时怒；藏着一颗敏感的心，他们会生气，也会撒娇。但是他们丝毫也没有秉弃过来人的达观与睿智，看清世事沧桑，完全站在一个制高点来俯视年轻人。因此，只要有什么烦心事，我都会向外婆诉说，她往往一语就可以道破问题的症结所在。那些经外婆点拨的种种瞬间，简单，温暖，快乐，可以供我咀嚼很久很久。

因此无论悠闲还是忙碌，和外婆聊天是必不可少的。我总会像只温顺的绵羊贴在她的身边，听她讲毛泽东、邓小平，说公社、生产队，用布票粮票、吃大食堂……各种有趣的故事，娓娓道来。顾盼往昔时，她似乎重新经历了一次，而我则是带着无限的好奇想象着那些我无法经历的真实存在。虽然有时候她讲的某些内容，我不是很懂，但我依然喜欢看她回忆往事的神情和嘴角抹开的温柔弧线。在外婆高兴的时候，偶尔还会冒出"阿伯利亚人""你以为你是沈万三啊"等各种语句。这些话，在她特有的方言中，听起来特别逗，惹人发笑。空气中弥漫着她上扬的语调，盘旋回绕，依然可以感受到外婆对生命最初的热情。

电视是老年人最好的伴侣。闲来没事时，外婆就拿起遥控器挑选着喜欢看的节目。起初，她最钟情的是那些宫廷剧、家庭伦理剧，渐渐地，偶像剧也进入了她选择的范围。看《王子变青蛙》的时候，她戏称陈乔恩为"大眼睛"，每次看到赵薇的时候，就会叫“小燕子”，看到范冰冰的画面时，时不时地来句评论，“金锁比以前漂亮了啊。”当电影里出现成龙的身影时，她都会说，“你看，成龙那个大鼻子……”她总会用自己看过的电视角色去记忆刚接触的人物，并且以剧中人物的特点给它们命名，看到了熟悉的面孔时，就会欣喜若狂地叫我看。遗憾的是她的听觉，随着年龄的增长，也渐渐退化了。每次电视里放出的声音，外婆都听不见，她只能根据剧中的画面来想象其中的情节，进而猜测人物说的话。或许，人到老年后总有着诸多无奈：他们的听力渐渐下降，别人的语速稍微快一点，就不知所云，只能望着大家唾沫横飞，无奈地苦笑。这是原因之一吧。时间的力量，是甜美却也是残忍的，把人推向不可预测的衰老。

我的童年时光，是与外婆相伴的。小时候，妈妈很忙，就把我和哥哥送到外婆家，让外婆带。因此，回忆小时候总少不了外婆的身影。记得外婆和我说过，我自小是个闹人的孩子，睡在摇床里，不管是寒暑季节，总得要人摇着、哄着才肯睡。尤其是在冬天，夜间气温格外低，外婆摇我睡觉时，手放在被子外面实在受不了寒意的侵袭，因此她想尽各种法子，最后在摇床的边缘系上一条绳子。夜里，我哭闹的时候，她便拉着绳子，摇床便随之动起来。在这来回的拉拽中，哭声便渐渐地消散开去……

和外婆一起睡的习惯还保持到现在。小时候，钻进暖暖的被窝里，那种暖心的感觉还不明显。到了高中的时候，每次她睡觉的时候总会先睡在我的位置上，用自己的体温把被子暖热。等我上床睡觉的时候，她就移到自己的位置上去，然后捏住我冰冷的手，用她手心的温度来温暖着我的手。现在外婆要是去舅舅或者姨家去，就剩我一个人睡了，在偌大的床上，辗转，念想，难眠。看着洁白的月光，滑落在脸庞、发梢，做着各种关于外婆的梦，关于外婆的记忆就这样被偷走了。外婆不在家的那段时间，家里看不到颈背佝偻的身影，没有低沉沙哑的声音，晚上没有人和我一起抢电视遥控器……太多太多的不习惯。害怕哪一天，外婆带给我的一切都被封锁入记忆。

喜欢生命中这些最初的记忆，自在，轻灵。单纯得如一张白纸，却又丰富的如一幅蜡笔画。那画面，停顿在那里，也停顿在我心里。如今，外婆已经 82 岁了，精力也大不如从前了。滑落指间的时光如一汪春水，拂去岁月的花瓣，外婆的发就这样成雪，散落我的眼中。不知道还能和她调皮到几时。我，默念静祈。

你若等我，我定归来

——我读《九歌·湘君》《九歌·湘夫人》

周欣怡

2012级　对外汉语

关于《九歌》中的某些人称及其归属问题，历代学者争论不休，各有各的解读。以《湘君》和《湘夫人》为例，著有《楚辞章句》的汉代学者王逸认为，湘君意指湘水神君（即帝舜），湘夫人指尧之二女娥皇女英（即舜的两位夫人），而韩愈和朱熹则把湘君、湘夫人分别理解为娥皇女英，娥皇为正妻即称“君”，女英为妾即称“夫人”。而我比较赞同王夫之《楚辞通释》里的观点，湘君是湘水男神，湘夫人是湘水女神，两者互为配偶神。

《九歌》是屈原根据楚地风格迥异于中原的祭祀歌舞表演，而进行的文学再创造。作为民间祭祀的巫歌，表演是不可缺少的一部分。由男巫扮演的湘君和女巫扮演的湘夫人，采用男女对唱的形式，互诉思慕衷肠，表达盼而不见的惆怅。《湘君》《湘夫人》可以看作是前后相连的一个整体，在祭祀湘水之神时，女巫高唱《湘君》以迎接湘水男神，男巫高唱《湘夫人》以迎接湘水女神。

流水潺湲，桂木成舟，薜荔饰墙，排箫吹曲，宽阔的江水不能隔绝我对你的思念，湘君啊湘君，是谁把您留在了洲中？你是否听见我情思萦牵的叹息？“心不同兮媒劳，恩不甚兮轻绝。”情意将断，徒留佩玉何用？我该继续等你吗？这是一次等待与思念中的角力。纵然心痛难忍，我仍想对你说：“你若归来，我必相思以候。”

为了和你相会我早已做足了准备，未能及时赴约我心存愧疚，但看不见那魂牵梦萦的身影更是心痛难当。鸟儿归巢，渔翁收网，日暮西沉，我现在才能体会到盼而不得的相思愁苦。什么？你说，你说，明日，明日你还会再来这里寻我？你看我为你建的我们的家，白玉为镇，芳椒成堂，辛夷花开，九嶷来和，“时不可兮骤得，聊逍遥愿意等待兮容与”。我只想对你说：“你若等我，我定归来。”

不过一场关于时间与错过的故事，幸好我们足够坚贞，幸好我们还在等待。

一直不愿承认《湘君》和《湘夫人》只是后世老学究附会穿凿成的明君贤臣的形象。经济政治决定文化，但并不是所有的文艺作品必须为政治家们服务，何必一板一眼地被迂腐的条框束缚？我宁愿相信这只是楚地人民假托湘水之神的恋爱生活，来迎神降临以完成盛大而隆重的祭祀活动，它弥补了我心中对尾生抱柱的遗憾，对陆游唐婉的哀其不幸和怒其不争，对崔护和桃花女错过的感伤……这种“神人恋爱”的构想，反映了原始人民对自然神祇的敬仰，是可爱而纯净的。正如孔子评价同样用来唱和的远古乐歌《诗经》一样：“诗三百，一言以蔽之，曰思无邪。”思无邪者，至诚至真。

突然想到安意如书中的一句：“感情有时会如小孩，淘气迷路。然而它本性纯良。只要你能够用等待一树花开的平静之心，静候它的回归。某天他欠你的，一定会以你不自知的方式静静偿还。”

希望明日，我回来时，发现你还在原地默默等我，岁月长安，这样，真好。

文苑初鸣集

诗歌

一个梦

韩静如
2011 级　汉语言文学

梦想
原是一粒雪籽
凝结于严冬的最冷时分
美好得洁白无瑕
却把自己
困在
冰冷干燥的土地上

后来它融化于渐暖的春日
温热的带着柔软的期待
陷入土地深处

不曾想
最后它竟爬上枝头
在明媚的三月
开出一朵一朵的绿叶

回 忆

沈 玮

2012级 汉语言文学

是谁说，回忆是回不去的记忆
宛若梧桐树下被风吹起的落叶，盘旋，然后不见
又是谁说，回忆依然美好
宛若夜空中的星辰，璀璨，然后隐匿

回忆，拨动了我的心弦
微风轻拂，我的心头如湖面泛起的涟漪，久久不能平静
歌声依旧在耳边回旋，我在梦中又一次与你们相遇
依旧如故的容颜，依旧熟悉的歌谣，连风都充满着回忆的气息

回忆，丰富了我的人生
那些曾经经历过的，教会了我如何成长
尽管它们最终会在我的脑海里渐渐消逝
我的潜意识也会将它们永久地保存

一只蝴蝶飞过，静静地，它落在那朵盛开的玫瑰花上
天空在夕阳的映衬下分外明亮，我与这样的天空似曾相识
回忆，被我埋藏在那棵大榕树下，静静地睡去
我，悄悄地离去，开始我人生新的旅程

近体诗和现代诗若干首

周　芸

2011 级　汉语言文学

一、近体诗

泛湖上初晴后雨

雨后芭蕉翠，林间众鸟啾。
白云追暮霭，漾漾泛轻舟。

故　园

夜半幽思入故园，青槐满院越屋檐。
昔年树上堂前燕，早去他乡忘旧山。
欲入秦关寻故友，骊山古道去繁华。
深情往事终隔断，雁落西楼海变田。

怀　古

浪洗英雄泪，石题铁骨名。
冯唐虽鬓白，壮志定三营。

毁　约

长亭栈道山盟誓，岁末帛书路远长。
渭水仍怀西去客，《阳关》再道断人肠。

怀岳将军

八千里地金戈马，铁骑丰功千载名。

万里江山遭践踏，生前悔恨未杀贼。

独居江畔

幽居漫水边，露草绕清泉。
日暮拥兰户，松涛伴月喧。

二、现代诗

深爱一人

倘若深爱
是否真的愿意献出自己的青春
让野风在宽广的额头上
留下岁月的痕迹
让翠娇娇的青苔
长满远行的帆布鞋

倘若深爱
那便是无懈可击的爱
由着风去筛选山谷里的蛩音
可以毫不犹豫地选择瞬间老去

倘若不爱
身体早已佝偻　皮肤早已衰老
却为何依然坚持步行家门千里
只为迎她回家

因为爱得深
所以尽心尽力
好比星光只一束

也要让她擎在手中寻找光明

无缘的你

夜幕下一颗难眠的心
像蚕
一口一口咬噬着最后的坚强
疼痛的热泪打湿昨夜的梦
只因君
五陵年少

淼淼星空
银河终是太宽阔
灞陵折柳
道一声珍重　珍重啊
后会再无期

青春太美丽，即便受过伤

当倔强击败屈服
流年便静淌掌心

理想中的骄傲　轻如羽毛
只想去至纯的山
采至真的雪莲花
在阳光照射下的麦田
在星星缀满的夜空里
倾听
它拔节的赞歌

野马般的心
终是易放难收

你笑我太傻
但　那又怎样

当心坚固如城墙
伤害怎能万箭穿心

青春太美丽　即便受过伤
透过尘埃
耕耘一个丰收的梦想

鸟瞰

常　长
2011级　汉语言文学

我是一只鸟，飞向远方寻找蔚蓝
掠过花花绿绿的河流
已不见父辈口中的鱼虾成群
花蚊咬破泛起的绚丽水泡
陌生的气息令我窒息

我只得将目光眺向森林
斑斑秃秃，鸟兽不见踪影
电锯谋杀了古木，花朵也为之凋零
秋风揭开落叶下的真相
惨状迫使我赶快逃离

前方的节奏忽然加快
钢筋混着水泥跳动
路人伫立不前，马路疯狂行走
汽车的一声嘶叫惊破了重重烟雾
慌乱的灯光禁锢了我的脚步

光怪陆离中我坠下高空
一群口罩将我包围
用麻木的眼睛怜悯着我

—— 一只可怜的鸟
而或许他们自身也终将被污染谋害

我冥想，或许蔚蓝已早不存在

画　板

林芳艺

2011级　汉语言文学

白色
儿时的青春
如果不说是一张白纸
那便辜负了一番纯真
跌倒的路上放声哭泣
不知艰辛是前路
更不知还有所谓的汪洋要渡
声声不求甚解的为什么
开始了一生的繁复
何必顾及时间的流淌
何必介意人事的轮转
就这么肆意地生长着
不论明天

翠绿
少年的青春
是蜷曲的含羞草
羞涩又朦胧的不仅是羞红的脸颊
还有初生的梦想
为一朝进入象牙塔
挣脱花花世界
流连于黑与白的乏味与艰难

厌倦　苦闷　以致抱怨
苦苦支撑
只为明天

红色
壮时的青春
是百花争艳的美丽瞬间
也许只有一次
也要用尽力气绽放美丽
梦想的初步实现
现实的重度骨感
交相辉映
不惧
我们什么也没有
除了满溢的青春
何不尽情挥洒
不保留
才是青春

蓝色
青春的尾巴
激情被沉淀
淡色的知识
深色的历练
碰撞　争斗
终化成胸中一汪海水
曾经的追求
暂时的光环
不算什么
生活的重压

我已承受不来
青春
请带我走

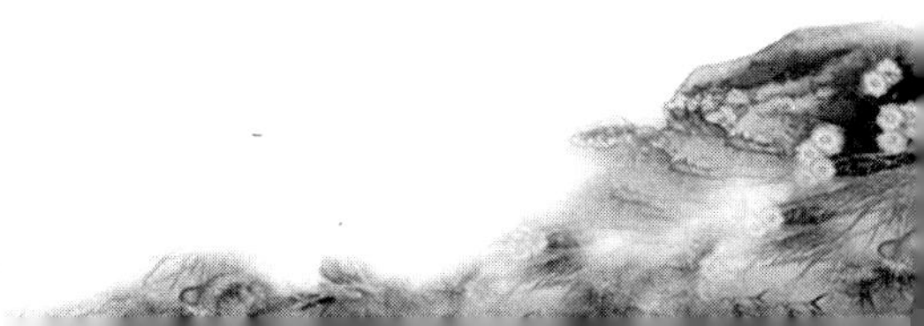

青春之歌

曾天保

2011 级　汉语言文学

在花开的季节里，我们应当放歌
舒展开幽闭了的歌喉
像展翅的鸟儿　冲向自由的天空
吐露出心中怀揣的梦想
让世界　聆听我们的岁月葱茏

黑白相间的琴键，是我们的姿态优雅
一把吉他树荫下　享受的孤独
牛仔裤帆布鞋是夏天的颜色
一辆破自行车一个破包
追寻流浪的钱锺书和莎士比亚

爱喝咖啡也爱清香的普洱茶
橙黄的台灯下
晕染着安详的安娜卡列尼娜
血管里涌动的思想　缓缓地穿过
笔墨流淌在纸上
书的扉页　还夹着风干了的
去年六月你送的栀子花

当春风把柳岸吹绿的时候
翻湿的新泥土粘上白鞋

每个人把问候寄向远方
朝着天空大声呼喊出希望

一封不在乎没有回音的信
一次心灵不羁的徒步旅行

青春是一首
没有写完的诗
美好得让人祈望永远未完待续
青春是　火车窗外
呼啸而过的美丽风景
尽管抓不住但却永远沉淀在心里
就这样被压在书页间
风干成　最美好的回忆

论文

失意书生的爱情“白日梦”

——《聊斋志异》的爱情描写与蒲松龄的自我写照

王　敏

2011 级　汉语言文学

摘　要：在《聊斋志异》中蒲松龄描写了各种各样的爱情，故事中那些穷困潦倒的书生与狐女、鬼女、仙女发生了缠绵悱恻、超越生死与物种的美丽爱情。蒲松龄一生在科举考试中屡屡碰壁，才子佳人式的浪漫爱情也没能在他的生命中上演，他只能将心中对功名的渴望、对情爱的呼唤幻化成书中的美妙幻想。《聊斋志异》中的爱情是这个失意书生的爱情“白日梦”，是对前人爱情的发展，也是对后人爱情的启发。

关键词：《聊斋志异》；失意书生；爱情；文学价值

在人类的诸多情感中，男女之间的爱情是最美好、最自然的感情。爱情也是文学作品永恒的主题之一。自《诗经·关雎》开始，爱情便在文学作品中被人们吟咏了千年，感叹了千年。《聊斋志异》“‘文起千年之衰’，其功不在‘文起八代之衰’以下”①。是文言小说的集大成者。在这部充满奇异想象的书中，蒲松龄为我们描绘了一个个浪漫传奇的爱情故事。书中那些超越生死、种族的坚贞而纯洁的爱情，几百年来一直为人们所称颂。透过蒲松龄困苦不得志的一生，我们发现，“爱”字的背后折射出的是作者的失意情怀，“情”字的背后暗喻的是作者的情爱理想。在中国文学史上，《聊斋志异》的爱情描写具有承上启下的重要意义。

---

① 蓝翎：《断续集》，花城出版社 1981 年版，第 162 页。

一、烂漫迷人的爱情花园

《聊斋志异》记载了五百个左右的故事，这些故事的艺术水平和思想价值参差不齐，其中描写男女爱情的占了总数的四分之一左右。从数量上看，描写爱情的故事在全书中所占的比例不小，从艺术手法上看，这些爱情故事的艺术价值也很高。

蒲松龄用自己天才的想象力使这些故事各具特色，纵观全书，蒲松龄为我们描写了三种不同形式的爱情。第一种是“春风一度，即别东西”① 的短暂欢爱。在这种爱情故事中男女双方仅因外貌的吸引便“行云雨之事”，这种爱情完完全全是建立在单纯的性爱之上的，摆脱了婚姻与家庭的束缚。如《荷花三娘子》中的宗生与狐女的“带雨尤云，备极亲爱”，又如《画壁》中朱孝廉与垂髫仙女的“渐入猥亵，兰麝熏心，乐方未艾”。第二种是“一往情深深几许”的痴爱。故事的主人公为了得到钟情之人的爱，不惜一切代价，即使受到所爱慕者的捉弄也“执迷不悟”，最后“精诚所至，金石为开”。《阿宝》中有枝指的孙子楚，在听了女主人公阿宝的一句戏言后，“以斧自断其指，大痛彻心，血益倾注，滨死”。清明之日见过阿宝后，便魂随阿宝而去，最后又魂附鹦鹉跟随阿宝左右。最后终于以“痴情”感动了阿宝。第三种是“士为知己者死”式的知己之爱。这种爱情中，男女双方在社会交往的过程中，相遇、相识、相知、相恋，哪怕最后不能相守也会心灵相通，即使为对方付出生命也在所不惜。《娇娜》是这类爱情故事的典型代表，故事讲狐女娇娜为胸部生疽的孔生治病，当娇娜出现在孔生面前时，孔生“嚬呻顿忘，精神为之一爽”，当娇娜为孔生治病时，“生贪近娇姿，不惟不觉其苦，且恐速竣割事，偎傍不久”，虽然孔生对娇娜痴迷如此，但最后孔生却跟松娘结为夫妻，而娇娜则与吴郎成为伉俪。如果把故事结局塑造成两

---

① （清）蒲松龄著，任笃行辑校：《聊斋志异（全校会注集评）》，齐鲁书社 2000 年版，第 1028 页。

个有情人最后成了陌路人，就显示不出蒲松龄的高明了。当娇娜全家的安全受到严重的威胁时，孔生和她生死与共，甚至不惜用自己的生命换取娇娜的平安。见孔生为自己而死，痛不欲生的娇娜又用自己修炼多年的“红丸”救活孔生。

在《聊斋志异》所塑造的爱情百花园里，女主人公多不是现实中的普通女子，她们有的是神通广大的狐仙，如娇娜、青凤；有的则是未谙世事就屈死人间的女鬼，如聂小倩、秋容；还有的是大自然的可爱精灵，如白秋练是白鳍豚精、花姑子是獐精、香玉和葛巾是牡丹花精；当然还有一些故事的女主人公直接是超凡脱俗的仙女，如《锦瑟》中的锦瑟就是因罪被谪的仙女。不管她们来自何方，在蒲松龄的笔下，女主人公都是曼妙无双、温柔多情、蕙质兰心、品德高洁的。与女主人公不同，男主人公多是现实中贫穷、孤独、失意的落魄书生，他们或是坐馆异地，或是科场失意，或是家道中落，或是苦读深山荒寺，但他们都是才华横溢、儒雅多情的。《聊斋志异》中，男女主人公之间爱情产生的方式也同样体现了蒲松龄的匠心独运。一种是穷书生孤灯下闲读，百无聊赖之际，有美人前来投怀送抱，彼此不问及对方姓甚名谁，便“狎昵欢好”，如《绿衣女》中，于生“夜方批诵”，绿衣女“推扉笑入”，几句话后就“罗襦既解”。还有一种是男主人公在路途或其他社交场合上偶然与佳人邂逅，一见钟情，于是主动托人向女方的父母或兄长求婚，经过几番波折后，抱得美人归，如《婴宁》中，书生王子服与婴宁偶遇后，便朝思暮想，对婴宁发起疯狂追求。

《聊斋志异》的爱情故事中，恋爱涉及的对象不仅局限于人类，爱情的产生方式也不落窠臼，爱情的形式更是摆脱了俗套。蒲松龄用自己非凡的想象力为我们描绘了一个浪漫迷人的爱情花园。就蒲松龄的人生经历来看，这个花园也是蒲松龄自己的精神家园。

二、失意书生的精神慰藉

在我国文言小说发展史上，蒲松龄花几十年心血写就的《聊斋志异》代表了我国文言短篇小说的最高峰。在这本矗立起古代短篇小说艺术高峰的书中，蒲松龄描写了许多优美的爱情，但蒲松龄的一生却不像他笔下的爱情那样美艳动人，雄心勃勃科举之途却屡屡失意，深情款款理想之爱却遥遥无望。作家的生活经历、人生态度对文学创作起着极为重要的作用，于是，作者借对爱情的描写来抒发自己仕途与情感上的失意。

（一）科举失意的自我安慰

蒲松龄在《聊斋自志》中说自己是“苦行僧转世”，而他的一生也确实在求取功名的路上屡屡“失意”，执意“苦行”。

蒲松龄出生在淄川的一个贫苦家庭里，其父蒲槃本是读书人，后来弃儒经商多年也没能真正发家致富。由于家境原因，父亲蒲槃只能亲自教孩子们读书，在众多的兄弟姐妹中，蒲松龄自小就聪慧异常，读书过目不忘，深得父亲喜爱。十九岁时，蒲松龄以县、府、道三个第一考中秀才，显示了非凡的才华，深得山东学道、大诗人施闰章的赏识。但少年得志并不是大展宏图的开始。自那以后蒲松龄虽雄心勃勃多次参加科举考试，却屡试不第。做了半个世纪秀才的蒲松龄，被科举考试折磨得近乎痴狂，为了谋求一个所谓“举人”的头衔，他先后参加了十次左右的乡试，但辗转科举考场三十几年也没有得到他想要的结果，只留下“天孙老矣，颠倒了天下几多杰士。蕊宫榜放，直教那抱玉卞和哭死”①的无奈。直到他七十一岁时，为科举考试奔波了一辈子的蒲松龄才得到“岁贡”的功名，但不幸的是，五年后他就与世长辞了。

弗洛伊德认为，小说是创作者的白日梦，故事都是虚构编织

① 盛伟编：《蒲松龄全集》（第2册），学林出版社1998年版，第1986页。

的，这些不现实的东西在作者的潜意识里，经过对愿望伪装的满足，构成具有一定规律的梦的幻想，在一定程度上又解决着现实生活中被压抑的情感和欲望的矛盾。[①] 通过比较我们不难发现，蒲松龄笔下的书生在生活中和科场上跟他自己有很多的相似点。如《连城》中的乔生，跟作者一样“少负才名”且“为人有肝胆”，为士林所赏识，但却困于科场，穷苦落拓，是个现实中的失意者。这些书生不仅在生活和功名上与作者有相似的遭遇，更重要的是他们的才情、个性、气质与作者相似。有的书生“性痴则智凝”，如《阿宝》中的“性痴”书生孙子楚；有的书生则是性情豪爽，笃于感情的，如《青凤》中的狂生耿去病，他们身上都有作者所赞颂的性格特征。不同的是，他们有些人虽然一开始生活困苦、仕途失意，但在狐女、鬼女、仙女或各类精灵的帮助下，历经或生或死的曲折，最后不仅抱得佳人，而且平步青云、荣华富贵。蒲松龄从小在父辈的教导下研习四书五经，儒家文化中那种“学而优则仕”的积极入世观念在他的心里早已留下了深深的烙印。作为受封建传统文化影响的文人，他渴望踏上“修身、齐家、治国、平天下”的仕途，渴望实现自己“以天下为己任”的理想抱负。无奈的是，科举舞弊、政治黑暗，使得穷苦书生满腹的才华得不到施展，内心的理想抱负得不到实现。对于科场屡试不第、生活困苦的蒲松龄来说，从心底里他也希望有这样一个人可以帮助他实现自己的人生理想，使他飞黄腾达。《聊斋志异》里的失意书生，其实就是蒲松龄自己的写照，也是科举考场上众多和他一样失意的书生的总体写照。书生得遇佳人，在佳人的帮助下飞黄腾达，不仅仅是落魄书生、失意文人的美好幻想，更是生活在社会下层的书生仕途功名屡屡受挫后，渴望得到社会重视、渴望摆脱生活困境、渴望踏上功名之路的心理折射。

① ［奥］弗洛伊德：《诗人与白日梦》，《性爱与文明》，安徽文艺出版社 1987 年版，第 163 - 177 页。

（二）情感失意的心理补偿

在封建社会，对于手不能提、肩不能挑的书生来说，家庭困顿又科举不第，接踵而至的便是如何维持生计的问题。蒲松龄的家庭经济状况是很不乐观的，有首诗写他看到市场上卖得很便宜的青鱼，想吃，但却没钱买，只能“安分忘馋嚼”。为了养活一家老小，迫于生活的重压，蒲松龄一生做了四十五年私塾教师，“私塾教师是得不到功名的读书人的出路，但寄人篱下的生活也是很辛酸的”①。有时，还不得不以替人写婚书、写祭文来补贴家用。蒲松龄长期在外坐馆教书的生活，使他梅妻鹤子，将家舍当做邮亭，夫妻之间聚少离多，缺乏感情交流。他的妻子刘氏是封建社会一名普普通通的农家妇女，蒲松龄与刘氏只是普通的柴米夫妻，她与蒲松龄理想中的伴侣是有一定距离的。文人总是多情的，蒲松龄在他的诗歌中曾表达过对一个叫作顾青霞的女子的爱慕。“曼生发娇吟，入耳沁心脾。如披三月柳，斗酒听黄莺。”在蒲松龄的诗《听青霞吟诗》中，顾青霞吟诗是那样美妙动听，就像黄莺啼叫。《又长句》中又有“宁料千秋有知己，爱歌树色隐昭阳”的句子。蒲松龄把这个会吟诗又懂诗，有着慧心雅致的女子引为知己。在蒲松龄留下的诗作中，直接写顾青霞的就有十三首之多。可惜的是，顾青霞是他的好朋友孙惠的侍妾，虽才貌双绝，但三十多岁就不幸去世，留给蒲松龄的是可望而不可即的遗憾。蒲松龄不仅是一位仕途上的“失意”书生，也是一位感情上的“失意”书生。在他的梦中，他的伴侣是饱读诗书、吟诗作赋的绝代佳人，而现实中，他守着的却是目不识丁、荆钗布裙的糟糠之妻。

孔子说“食、色，性也”。在德国美学家马尔库塞看来，艺术具有解放人的欲望，展现人性的作用。“书中自有颜如玉”，“红袖添香夜读书”是封建士子的美好幻想。对于多情的蒲松龄

---

① 张德玉主编：《中国名人未解之谜》，内蒙古人民出版社 2008 年版，第 161－162 页。

来说，现实的感情生活是不完美的，在外坐馆的生活又使得他长期处于一种孤寂愤懑的心理状态，现实无法满足他生理和心理的需求，便只好借助想象，聊以自慰，也就有了他笔下主动来给孤零零的书生心理与生理安慰的各类美女。她们跟书生吟诗下棋、帮书生飞黄腾达、替书生养育儿女，她们没有父母之命的束缚，没有媒妁之言的枷锁，更不要名分与金钱，但她们美丽温柔、聪慧善良，对于生活在封建社会下层的蒲松龄来说，这样的美女哪里来？只能来自深山洞穴、来自阴曹地府、来自碧海蓝天。弗洛伊德说："人们在生活中或是由于社会原因，或是由于自然原因，实现不了某些愿望，文学给予替代性的满足，使他们疲倦的灵魂得到滋润和养息。"① 《聊斋志异》中作者创造出来的女子便在功名和感情上"滋润和养息"了作者"疲倦"的灵魂。一方面，她们给予了失意书生精神上的性满足；另一方面，又实现了书生对世俗功名富贵的渴望。

《聊斋志异》描写的爱情丰富多彩，最受作者推崇和后人称赞的还是"士为知己者死"式的知己之爱。这种爱是作者热烈歌颂，深情向往的，也是最能反映作者情爱心理的。捉襟见肘的物质生活和孤寂、不圆满的感情生活带来了"生的苦闷"和"性的苦闷"，这位大文豪对男女之间的爱情有了更深的思考，在他看来爱情除了肉体的结合外更重要的是精神的默契。在《娇娜》后的"异史氏曰"中，作者说"余于孔生，不羡其得艳妻，而羡其得腻友也。观其容可以忘饥；听其声可以解颐。得此良友，时一谈宴，则'色授魂与'，尤胜于'颠倒衣裳'矣"。在礼教森严的封建社会里，娇娜作为一个有夫之妇，以"以舌度红丸入，又接吻而呵之"这种唇舌相接的方式救活一个男子，是不符合道德规范的，可作者明显对男女之间这种亲密但不涉及性爱的关系持赞同态度。《聊斋志异》中除了《娇娜》外，描写这样的"知己"之爱的还有很多，如《连城》《宦娘》等。这种"知己"之爱与西

① 转引自朱振武：《〈聊斋志异〉的创作心理论略》，《文学评论》2001 年第 3 期。

方“柏拉图式”的精神恋爱一样，它是建立在男女双方彼此了解，相爱相知，心灵相通的基础之上的。知己之爱更注重精神联系，而不是仅仅局限于肉体的结合，这种爱超越了时间与空间的局限，所以，它可以发生在人与鬼之间，人与神之间，人与异类之间。这种爱情描写，是幻想，是一身才华无人赏识的作者“茫茫人海觅知音”的心灵呼唤，是蒲松龄作为失意文人渴望知己，渴望倾诉的内心需求。

三、失意情怀的文学价值

小说是一种产生于中下阶层，在普通大众中广泛流传的文学样式，从六朝的志怪小说到唐宋传奇，再到元明清时期的各类小说，超越生死和物种的浪漫爱情幻想一直都被人们津津乐道。汉魏六朝时的小说《谈生》就讲述了一个贫寒交迫、中年无妻的穷书生与年轻貌美的贵族少女的鬼魂往来交欢的故事。最后，在鬼女的帮助下，穷书生不仅有了自己的子嗣，摆脱了贫困，还因机缘巧合成为了得到王侯认可的乘龙快婿。谈生与《聊斋志异》中先失意后幸运的书生很相似。性的需要是人类与生俱来的本能，在封建社会，生活在社会底层的穷书生自然也有这种本能，但是受传统儒家思想的影响，书生的性本能往往受到传统道德与礼教的束缚。当时的贵族阶层为了维护其阶级血统的纯正和阶级利益的不断延续，严禁与庶族通婚。贫寒子弟想通过与贵族联姻的方式提高自己的社会地位，简直就是天方夜谭。庶族儒生内心强烈地渴望成为上层贵族社会的一员、渴望获得财富，但他们又无法放下自己读书人“清高孤傲”的架子。虚构出一个个内心善良、外表娇艳的鬼女、狐女、仙女，她们摆脱了阶级的捆绑、不用承担道德的责任，她们可以帮助庶族儒生获得众多的财富和较高的社会地位，这种美妙的幻想是下层儒生们为自己构建出来的精神自慰。

幻想出神通广大、貌可倾城的佳人，虚构出一场烂漫的醉人爱情，通过一场“白日梦”来慰藉作者内心难以实现的渴望，是中国小说的一大特色。蒲松龄在《聊斋志异》中继承了这种特色并将其发扬光大，作者将自己备受压抑的情爱心理和功名渴望幻化成美丽动人的爱情故事，升华为一种高尚的感情。《红玉》中的冯生在狐女的帮助下取得功名，《聂小倩》中的宁采臣有聂小倩这样的美人相伴最后又“果登进士”，《阿宝》中的“痴书生”孙子楚“举进士”“授词林”，这些故事中的下层书生无不得到佳人的青睐与钟情，最后又无不飞黄腾达、荣登庙堂。历来为人们所津津乐道的书生与美女的故事传达了下层书生郁郁不得志的心理和情感失落，对前人的幻想进行了进一步的丰富。

《红楼梦》和《聊斋志异》一白一文，构成了我国小说史上的两座高峰。“爱情描写是考验小说家思想、技巧的最佳试题。”①《红楼梦》与《聊斋志异》中都有精彩的爱情描写，其重要的一方面便是在知己之恋描写上。《连城》中的女主人公连城之父史孝廉拿连城的《倦绣图》征集少年题咏，实际是在为连城择婿。贫苦的乔生读懂了连城的心事，写下了“刺到鸳鸯魂欲断，暗停针线蹙双蛾”的句子。连城喜出望外，暗中赠金钱给乔生，并鼓励他安心读书，乔生深受感动，二人彼此把对方引为知己。但嫌贫爱富的连城之父却要将连城许配给盐商之子王化成，对爱坚贞的连城因此得了一种怪病，需要用“男子膺肉一钱”做药引，方可治愈。危机时刻乔生毫不犹豫地割下了自己的胸头肉，为连城治病。连城与乔生素未谋面便将对方引为知己，甚至不惜为对方献身，这种“知己之爱”与建立在“肌肤相亲”之上的性爱是有着本质区别的。《红楼梦》中令人唏嘘不已的是宝黛之间心心相印，却无法厮守的爱情悲剧。贾宝玉和林黛玉从小“耳鬓厮磨”“心情相对”。贾宝玉是封建大家庭的叛逆者，他不喜欢功名利禄，也不愿恪守封建家庭的种种家规，在大观园这个群芳斗艳的世界里，唯有与他青梅竹马的林妹妹和他志趣相投，林妹妹不要

① 马瑞芳：《“红楼聊斋一脉承”（之五）：诗化爱情和知己之恋》，《文史知识》2007年第6期。

她的宝哥哥扬名立身、不要他升官发财，她只要宝哥哥忠于内心、忠于爱情。《红楼梦》第三十二回中，在听了宝玉“要是他也说过这些混账话，我早和他生分了”的话后，黛玉“又惊又喜，又悲又叹。所喜者，果然自己眼力不错，素日认他是个知己，果然是个知己……”① 宝黛爱情不是因性生爱、不是因色生情，而是在长期的交往过程中形成的，以共同的价值观连接起来的贵族公子与宦门千金的叛逆爱情。“《聊斋志异》爱情作品，承袭明代市民文学爱情作品的内在精神又超越了明代市民文学。不妨认为它为《红楼梦》的出现奏响了序曲。”② 爱情不仅仅是肉体的结合，更应该是灵魂的相通，心灵的契合。宝黛之间的“知己之恋”与蒲松龄笔下的“知己之爱”有相通之处。曹雪芹与蒲松龄一样都在孤苦穷困中著书，作为封建社会下层的文人，经历过生活的种种艰辛，曹雪芹看透了封建社会的本质，如果说贾宝玉写的是曹雪芹自己，那么林黛玉就是曹雪芹梦中的那个“知己”。偶然也好，巧合也罢，《聊斋志异》与《红楼梦》都透露出了失意文人对爱情的深深思考。

《聊斋志异》一经问世便在当时掀起了一阵风潮，留下了深深的余响，随着这种余响，乾隆末年诞生了许多受到《聊斋志异》影响的小说。一类是模仿《聊斋志异》创作的作品，如沈起凤的《谐铎》、长白浩歌子的《萤窗夜话》、和邦额的《夜谭随录》等；一类是与之对抗而生的，最著名的是纪昀的《阅微草堂笔记》，还有屠绅的《六合内外琐言》等。评论家认为《谐铎》是受《聊斋志异》影响最大也是最有成就的文言小说。说到《谐铎》受《聊斋志异》的影响，首先就要考虑到二者在创作背景上的相似性。《谐铎》的作者沈起凤和蒲松龄一样都是极富文学才华但仕途受挫的失意文人，都是因怀才不遇而发愤著书的小说家。

---

① （清）曹雪芹著，（清）无名氏续：《红楼梦》，人民文学出版社 2008 年版，第 433 页。

② 张玉霞，张祖利：《从“人间的浪漫”到“异世的合理”——〈聊斋志异〉爱情作品对明代市民文学的承袭与超越》，《蒲松龄研究》1999 年第 4 期。

他的小说中描写爱情的篇章不多，但沈起凤其他题材的小说与《聊斋志异》主题的相似性很高，其爱情题材的小说与《聊斋志异》也有一定的雷同，他同样用爱情故事抒发自己的失意情怀。其他仿《聊斋志异》的小说中爱情更是常见的题材，《夜谭随录》中就有很多人鬼相恋的故事，如《邱生》；当然还有人与异类相恋的故事，如《碧碧》《香云》等。和邦额自幼跟随祖父辗转于全国各地，羁旅漂泊是常事。他虽然没有蒲松龄和沈起凤一样的遭遇，但他可以借爱情小说来描写自己年少时的羁旅情怀。

仿《聊斋志异》小说的爱情故事与《聊斋志异》的爱情描写有诸多相似，其艺术价值与《聊斋志异》存在一定差距，但就作者的创作心理来说，除了猎奇之外，作者还借爱情描写来抒发自己与蒲松龄一样压抑的心理。《聊斋志异》的爱情描写为后人小说中失意情怀的抒发产生了影响，受到后世小说家的模仿与借鉴。

《聊斋志异》为我们打开了爱情世界的大门，其中丰富多彩的爱情描写抒发了作者在科举失利后郁郁不得志的心理，是作者内心情感需求的真实写照。蒲松龄借鉴了前人爱情小说的精华又融入自己的思考，将前人爱情小说进行再创造，对后世小说创作产生了深厚的影响，为中国文学留下了宝贵的财富。

参考文献

［1］（清）曹雪芹著，（清）无名氏续：《红楼梦》，人民文学出版社 2008 年版。

［2］蓝翎：《断续集》，花城出版社 1981 年版。

［3］马瑞芳：《马瑞芳揭秘〈聊斋志异〉》，东方出版社 2005 年版。

［4］（清）蒲松龄著，任笃行辑校：《聊斋志异（全校会注集评）》，齐鲁书社 2000 年版。

［5］王海洋：《清代仿〈聊斋志异〉之传奇小说研究》，安徽人民出版社 2009 年版。

［6］袁行霈：《中国文学史（第四卷）》，高等教育出版社 2005 年版。

［7］马瑞芳：《“红楼聊斋一脉承”（之五）：诗化爱情和知己之恋》，《文史知识》2007 年第 6 期。

［8］宋翔宇，王锡渭：《从〈聊斋志异〉探索蒲松龄事业与爱情的围城》，《蒲松龄研究》2011 年第 4 期。

［9］张玉霞，张祖利：《从“人间的浪漫”到“异世的合理”——〈聊斋志异〉爱情作品对明代市民文学的承袭与超越》，《蒲松龄研究》1999 年第 4 期。

［10］朱振武：《〈聊斋志异〉的创作心理论略》，《文学评论》2001 年第 3 期。

论“蝶”意象在李贺李商隐诗中的两种表现

邹骊旦

2011 级　汉语言文学

摘　要：“蝶”意象是中国古典文学中内蕴极丰富的意象之一，李贺、李商隐都善借“蝶”阐发运际感慨和相思爱恋。文章以二李诗中“蝶”意象的多样表达为切入点，通过二李诗歌的对读和表现方法的比较，借以关照中国古典文学中“蝶”意象的多样主题及表现，展现一个经典意象在中国文学史上的诞生、旅行及意义，并通过“蝶”意象探讨中国诗学传统与转向问题及“蝶”意象与中华民族性格和心理的双向建构关系。

关键词：李贺；李商隐；诗歌；蝶

作为一种客观存在，蝶五彩缤纷、翩翩飞舞等自然属性，最能引人注目。早在先秦时代，“蝶”就已进入文化视域，指引着人们对人生进行理性思考；而后又出现了“韩凭夫妇故事”①（《搜神记》卷十一），进一步丰富了“蝶”的蕴含。

在古代中国的思想世界中，“庄周梦蝶”与“梁祝化蝶”②，虽然一指向哲学反思，一含藏凄美爱情，思考方向并不一致，但均以“蝶”意象的凸显而备受后世文人的喜爱，构成此后诗歌史中“蝶”意象塑造的重要思想资源，也建构起中国古典文学中“蝶”意象多样主题的基本框架。

面对相同的思想资源，后世文人又往往多凭自具特性的书写，

---

① “韩凭夫妇故事”与“蝶”意象的关系详见“‘化蝶’：爱情相思的书写”部分。

② “梁祝化蝶”的原型为“韩凭夫妇化蝶”。

丰富着“蝶”意象的文化内涵。作为艺术意象的“蝶”大量出现在唐人的诗歌中①，算是正式定型。其中又以李贺和李商隐最为突出：李商隐将历史积层与自身的心性气质相融合，使“蝶”意象内化为独特的生命象征；李贺则继往开来，延续“庄周梦蝶”与“韩凭夫妇化蝶”两个意象系统的传统意涵，又将“蝶”意象独有的文学价值从外部附加的政治与社会功能中剥离出来，为李商隐之先声。

李贺、李商隐诗中“蝶”意象的多样主题在微观上体现了中国古代文学中“蝶”意象的多层意涵。因此，在某种程度上，一部中国文学史就是一部经典意象的诞生和旅行史。一个经典文学意象的塑造，不仅可以恰切地映照诗人深挚的心灵世界，更可以经由其多样表达赋予经典意象复杂多样的主题内涵，成为后世创作的典则。

目前学界对李贺、李商隐诗歌及意象的研究、个体的意象（或语象）系统的分析、二李诗歌的风格及文化意义的探讨，如董乃斌《李商隐诗的语象——符号系统分析——兼论作家灵智活动的物化形式及其文化意义》和陶庆梅《李贺诗歌风格特征论——以意象研究为中心》。抑或将两人诗歌对读，分析二者艺术风格的异同，如房日晰《李贺李商隐诗的朦胧美比较》和吴晟《李贺、李商隐意象诗比较》。而本文试图通过二李“蝶”意象的多样表现关照中国古典文学中“蝶”意象的多样主题及表达，阐述中国诗学传统的转向及“蝶”意象所折射的中华民族性格与

---

① 唐诗中出现“蝶”意象的诗歌统计如下：

初唐：上官仪三首、杜审言一首、沈佺期二首、王勃一首、卢照邻三首、骆宾王四首、陈子昂一首；

盛唐：张说一首、高适一首、孟浩然一首、常建一首、储光羲一首、李颀一首、李白五首、杜甫十三首；

中唐：韦应物三首、孟郊四首、韩愈三首、贾岛三首、李贺十二首、李益一首、卢纶三首、钱起十首、王建九首、张籍三首、元稹十首、白居易十二首、刘禹锡六首；

晚唐：杜牧四首、许浑五首、李商隐三十八首、皮日休八首、陆龟蒙七首、罗隐十首、皎然二首、贯休三首、齐己十六首、温庭筠十五首；

以上诗人共计316首诗作中写到蝴蝶，此外还有寒山等诗人未计算。

心理。

一、"梦蝶"：生命感慨的传达

"蝶"早在战国时期便已进入文学作品，作为象征物最早记载于《庄子·齐物论》：

> 昔者庄周梦为胡蝶，栩栩然胡蝶也，自喻适志与！不知周也。俄然觉，则蘧蘧然周也。不知周之梦为胡蝶与，胡蝶之梦为周与？周与胡蝶，则必有分矣。此之谓"物化"。①

"庄周的蝶化，乃象征着人与外物的契合交感，……在观赏时，发出深远的同情，将自我的情意投射进去，以与外物相互会通交感，而入于凝神的境界之中，物我的界限便会消解而融和，然后浑然成一体。"② 这时的庄子正处于尼采在《悲剧的诞生》中所言的："人类审美体验中一种最高的境界或最佳的状态就是陶然忘步，浑然忘言，达到狂欢酣畅的境界。"进一步将"物化"的观念缩小到生死上，庄子认为死生完全是一种相对的幻灭现象，两者是对立融于和谐之中的。人的初始，本来就是没有形体的，而形体的形成，以至于复归消解，这个变化过程实在是不足悲的，死后能化为蝴蝶，像物化后的庄子那样，栩栩然而飞，该是多么快乐。此后，这个故事在历代文人中不断得到阐发，成为抒发苦闷、失落、迷惘、幻灭，乃心态的习用典故，也成为中国文化传统中最具民族特色，影响最深远的积淀物之一。

李商隐的《锦瑟》是运用此典最著名的例子：

> 锦瑟无端五十弦，一弦一柱思华年。庄生晓梦迷蝴蝶，望帝春心托杜鹃。

---

① 陈鼓应：《庄子今注今译》，商务印书馆 2007 年版，第 109 页。

② 陈鼓应：《庄子浅说》，生活·读书·新知三联书店 1998 年版，第 19－20 页。

沧海月明珠有泪，蓝田日暖玉生烟。此情可待成追忆，只是当时已惘然。[1]

李商隐在生命末期慨华年之易迈，借锦瑟以发端："即达若庄生，亦迷蝴蝶；魂为杜宇，犹托春心。沧海珠光，无非是泪，蓝田玉气，恍若生烟。触此情怀，垂垂追溯，当时种种，尽付惘然。其中庄生句和望帝句犹值得关注，前者借瑟声之迷幻，取'庄生梦蝶'变幻迷乱之意，喻己抱负成虚、功名蹭蹬，以彼其才，又似非终身抑郁下僚者，天为之抑人为之也，言付之成寐；后者谓己之壮心雄图及伤时忧国、感伤身世之情均托之哀怨凄断之诗歌，如望帝化鹃以自哀也。"[2]

此外，李商隐又在多处直接化用此典：

战功高后数文章，怜我秋斋梦蝴蝶。[3]（《偶成转韵七十二句赠四同舍》）

枕寒庄蝶去，窗冷胤萤销。[4]（《秋日晚思》）

蝴蝶，就如同男主人公的异类知音，他们互相扶持、互相鼓励。蝴蝶，本身是自然界美丽的舞者，却又因为娇小而不可避免地成为弱者，但是它的弱并非无能无才，而是由于恶劣的外在环境，正如现实中的仁人志士，稍不留神便遭受打压、排挤，被无情吞噬。在漫长的封建社会中，才华横溢的文士遭弃甚至被迫害都是屡见不鲜的现象，因此"梦蝶"和"蝶去"都具有广泛的社会意义。

李贺诗中虽未直接出现"庄周梦蝶""漆园蝶""蝶魂""蝶梦"等词，但也流淌着鲜明的"庄蝶"情结。如《伤心行》：

---

① 刘学锴，余恕诚：《李商隐诗歌集解》，中华书局2004年版，第1579页。
② 刘学锴，余恕诚：《李商隐诗歌集解》，中华书局2004年版，第1586页。
③ 刘学锴，余恕诚：《李商隐诗歌集解》，中华书局2004年版，第1078页。
④ 刘学锴，余恕诚：《李商隐诗歌集解》，中华书局2004年版，第518页。

咽咽学楚吟，病骨伤幽素。秋姿白发生，木叶啼风雨。

灯青兰膏歇，落照飞蛾舞。古壁生凝尘，羁魂梦中语。①

此诗题用“伤心”，以“羁魂”为中心，以“飞蛾”的离去为象征，建构起“凄其欲绝”的客观世界。姚文燮的理解比较切近诗旨，其言曰：

高才不偶，羁绁京华，吞声拟骚，茕茕在疚，时凋鬓改，闻落叶亦成啼声。灯青膏歇，槁灭将及也。落照蛾飞，光辉难再也。嘘拂无人，则微尘陈结，欲诉何由，梦中独语，心之云伤，良已极矣。②

飞蛾扑火，知其不可而为之，映照出诗人在疾病缠身之际内心极度的幻灭感。

中国古代文人尽管热衷于政治，富有参与精神，却时时无奈地处于“伴君如伴虎”、宦海沉浮的危惧处境中，然而有志报国者总要在恶劣环境中保持耿介气节，执着地在有限范围内抗争以实现理想抱负③，但才高位低必然遭受排挤、嫉妒，因此李贺、李商隐多由蝶的飞离联想到自身抱负成虚，由蝶的细弱无依关涉自身的任人摆布、孤苦飘零。

但李贺的叙述笔调往往是客观、冷静的，直抒胸臆较少而多用意象的排列、累积。

正因如此，钱锺书先生在《谈艺录》中对李贺诗有此番评价：“余尝谓长吉文心，如短视人之目力，近则细察秋毫，远则大不能睹舆薪；故忽起忽结，忽转忽断，复出傍生，爽肌戛魄之境，酸心刺骨之字，如明珠错落。”④ 基于此点，我们可以从“爽肌戛

① 吴企明：《李长吉歌诗编年笺注》，中华书局2012年版，第730－731页。

② 吴企明：《李长吉歌诗编年笺注》，中华书局2012年版，第732页。

③ 王立：《心灵的图景——文学意象的主题史研究》，学林出版社1999年版，第130页。

④ 钱锺书：《谈艺录》，生活·读书·新知三联书店2001年版，第141页。

魄之境，酸心刺骨之字”探讨李贺诗的生命感慨之情。如《感讽六首》（其五）

晓菊泫寒露，似悲团扇风。秋凉经汉殿，班子泣衰红。
本无辞辇意，岂见入空宫。腰衱佩珠断，灰蝶生阴松。①

该诗警字乃在“灰蝶”，“灰蝶”含年老色衰、光阴殆尽之味。恩宠之地依旧，但自辞辇后，君恩难承，终日幽闭空宫，裙带朽断，墓地生烟，宛若生命将尽之蝶的最后一舞。失宠之班姬的千古长恨与李贺的才高遭谗的怨愤相和，诗人自然而然借班婕妤的幽怨言自身早慧才高，却命途多舛，时人以父名谗言，以致功名无法实现，落得“长安有男儿，二十心已朽”（《赠陈商》），最终溘然早逝。历史上郁郁而终的班姬与帝王永无见期，日日自怨自艾地述说只因“观古图画圣贤之君，皆有名臣在侧，三代末主，乃有嬖女”（《汉书·外戚列传》）而非有意辞辇；现实中，李贺期待满腹经纶被赏识，却空有雄心，岁月蹉跎，一无所成，只能返回昌谷旧居，骑驴背篓，在田园美景中呕出心肝。

“灰蝶”另有一种世事无常的怨意：幽冥中的班姬再不会复现，可汉殿依然在等待着主人的归来；此外又以秋凉寒意笼罩宫殿暗示婕妤终究无法抵抗嫉妒谗言的摆弄，这已不仅是“雕栏玉砌应犹在，只是朱颜改”（李煜《虞美人》（春花秋月何时了））、“物是人非事事休”（李清照《武陵春》）的悲慨，更包含着对帝王昏庸、时运不济、命运不公的悲凄、怨恨。

再如《屏风曲》：

蝶栖石竹银交关，水凝绿鸭琉璃钱。团回六曲抱膏兰，将鬟镜上掷金蝉。

沉香火暖茱萸烟，酒觥绾带新承欢。月风吹露屏外寒，

---

① 吴企明：《李长吉歌诗编年笺注》，中华书局2012年版，第381页。

城上乌啼楚女眠。[①]

“蝴蝶”“石竹”“银铰链”“琉璃”“荷叶”极力摹写屏风的精美装饰，“膏兰”“金钗”“沉香”“茱萸”“鬟镜”刻画新婚贵妇的骄纵奢靡。而末联逆接“冷月”“寒风”“乌啼”“孤眠”，正是叶葱奇所言：“前六句极力形容，后两句却冷冷作收，两相对照，非常鲜明。七句‘屏外寒’三字用意很巧，意思说一屏之隔，苦乐便这样判若天渊！”[②] 此处的楚女亦和长吉同呼吸共命运，甚至在某种程度上就是诗人的化身：楚女妙龄，却城上孤眠；李贺意气风发，但位低身卑，两相契合，互相烘托，便包含了更深层次的对君臣鼠目寸光、骄奢淫逸的谴责和对自身才高不偶，孑然飘零的悲叹。

相比于李贺，李商隐则以敏锐的感触体验周围世界，对周遭的一切莫不多情，以情串联意象建构系统，因此他的诗是极为多情的，随处可见深情锐感。

对于内心的真情，义山曾自道：“深知身在情长在”（《暮秋独游曲江》）。金圣叹自谓之词：“七岁时，眼窥深井，手持瓦片，欲竟掷下，则念其永无出理。欲且已之，则又笑便无此事。既而循环摩挲，久之久之，蓦地投入，归而大哭，此岂宿生亦尝读此诗（李义山《曲池》）之故耶？”[③] 亦可印证。

下面试看《蝶》（初来小苑中）：

初来小苑中，稍与琐闱通。远恐芳尘断，轻忧艳雪融。
只知防灏露，不觉逆尖风。回首双飞燕，乘时入绮栊。[④]

程梦星曰：

---

① 吴企明：《李长吉歌诗编年笺注》，中华书局 2012 年版，第 726 页。
② 叶葱奇：《李贺诗集》，人民文学出版社 1959 年版，第 111 页。
③ 余光中：《桥跨黄金城》，人民日报出版社 1996 年版，第 162 页。
④ 刘学锴，余恕诚：《李商隐诗歌集解》，中华书局 2004 年版，第 360 页。

> 言为人排挤也。起二语言初游长安，文名蔚起，未尝不与公卿贵人相通。三句言入幕以来，日见疏远，已恐芳尘断绝；四句言党论之后，妄相轻薄，殊忧艳雪销镕。五句言事当防御，亦所自知，然知者不过暗中相伤，如夜行之沾寒露也。六句言人不可逆，亦所自觉，然觉者岂料明言相排，如退翼之遇尖风耶？七八言其时工逢迎之术者皆为援引，如绮栊在望，燕子乘时而入矣。[①]

四联参合，由出世而入幕，由蝴蝶而诗人，诗人和蝴蝶合为寂寞苦闷的形象：以蝶的细弱无依联想到自身的任人摆布、孤寂飘零，虽句句不离蝶，但无不灌注着义山悲戚的心境和敏感脆弱的内心世界。

又如《秋日晚思》：

> 桐槿日零落，雨余方寂寥。枕寒庄蝶去，窗冷胤萤销。
> 取适琴将酒，忘名牧与樵。平生有游旧，一一在烟霄。[②]

李商隐将“桐槿”“秋雨”“庄蝶”“胤萤”“琴”“酒”“牧”“樵”“烟霄”等意象与身世寂寥、命运不济之情串联，正如姚文燮曰：“桐槿之质，望秋先零，蝶去萤销，与土木形骸何异？琴酒自遣，樵牧为群，非无烟霄之游旧，而汲引复谁望耶？”[③] 此诗旷达其表，透出“同学少年多不贱，五陵衣马自轻肥”（杜甫《秋兴八首》）之意，凄悲其内，突出“寂寥”二字，写出了诗人在独居境况下自然而然的感受。可以想见，诗人虽正值壮年，但身陷党争，抑郁不得志，这对一个怀抱满腔报国热情、内心细密敏感的人来说无疑是当头一棒，故只能借“田园之情”稍加排解。

此外，李商隐还借用蝶意象的融合性增强“蝶”诗的悲慨缠

---

① 刘学锴，余恕诚：《李商隐诗歌集解》，中华书局 2004 年版，第 362 页。
② 刘学锴，余恕诚：《李商隐诗歌集解》，中华书局 2004 年版，第 518 页。
③ 刘学锴，余恕诚：《李商隐诗歌集解》，中华书局 2004 年版，第 519 页。

绵色彩。由于较易附着哀怨悲愁情感，“蝶”意象对其伴生意象亦有选择，常常与烛、书、梦等结伴，表示更为丰富复杂的情韵氛围。在此以《独居有怀》为例：

麝重愁风逼，罗疏畏月侵。怨魂迷恐断，娇喘细疑沉。
数急芙蓉带，频抽翡翠簪。柔情终不远，遥妒已先深。
浦冷鸳鸯去，园空蛱蝶寻。蜡花长递泪，筝柱镇移心。
觅使嵩云暮，回头灞岸阴。只闻凉叶院，露井近寒砧。①

“蛱蝶”是本诗的中心意象，具双关意，既可指梦中的“庄蝶”，亦可指如形随形的“韩蝶”。而“蛱蝶寻”亦复双关，既谓风逼而香散梦断后失去“韩蝶”，更指恩人离去后寂寞冷清，苦苦寻觅而不复的悲凉境遇。所以“浦冷鸳鸯去，园空蛱蝶寻”。表达的是一种“系心令狐，感恩怀旧，彼则早已心存隔阂而深忌我矣”② 的惆怅落寞之情。此外，李商隐还用“蜡花”“信使”等共同组成意象群落完成本诗主题：“蜡花长递泪”隐指夜深时晚，伤别难寐，惟伴残烛而递泪。所思之人不在眼前，只得以书信传情达意，“谓己居嵩洛，彼在长安，觅使传书而无由”③。由此，通过“蝶”“烛”“书”三个意象的串联，更加有力地凸显孤独、迷惘、幻灭的情绪。

由此看来，二李笔下的“蝶”意象始终萦绕着政治愁思。在古代中国，功名与爱情是文人士子的两大追求。如果说李贺、李商隐的官场失意有幸福美满的爱情生活弥补，那么他们的愁情应该也会有所减淡吧。但偏偏他们的爱情亦是艰辛坎坷，那么他们笔下的相思之调又会如何书写呢？

① 刘学锴，余恕诚：《李商隐诗歌集解》，中华书局 2004 年版，第 583 页。
② 刘学锴，余恕诚：《李商隐诗歌集解》，中华书局 2004 年版，第 587 页。
③ 刘学锴，余恕诚：《李商隐诗歌集解》，中华书局 2004 年版，第 587 页。

二、“化蝶”：爱情相思的书写

相思指向往往涉及恋人配偶等，源自“化蝶”传说，所以蝶多作为爱情相思的代名词。

蝶文化中的“化蝶”原型，最早记载于晋代干宝的《搜神记》：“宋大夫韩凭，取妻美。宋康王夺之。凭怨王，自杀。妻阴腐其衣，与王登台，自投台下，左右揽之，著手化为蝶……凭与妻各葬，相望。冢树自然交柯。有鸳鸯栖其上，交颈悲鸣。”①

韩凭故事刻画了一个忠于爱情的美丽女子形象，在流播中，“蝶”慢慢成了积淀于民族集体无意识中的忠贞女子精魂的重要象征，并带有某种令人魂飞魄散的悲剧色彩。

到了南北朝时期，蝶作为象征整体的爱情相思意味乃形成，如梁武帝有“花坞蝶双飞，柳堤鸟百舌”（《春歌》）和“飞飞双蛱蝶，低低两差池”（《古意诗二首》之二）的名句。

“蝶”经由齐梁宫体诗赋爱情相思的开端，及至初唐诗人对审美视域的开拓，至盛唐“蝶”的爱情意味真正趋于定型。如李白有“八月胡蝶来，双飞西园草”（《长干行》）。

至此，“化蝶”传说完成了由民间故事进入文学领域的全过程，成为完全意义上的文学审美意象，并且投射了渴望幸福美满的爱情的民族文化心理。此后，许多诗人笔下便出现了“韩蝶”“青陵粉蝶”“蝶恋”“蝶双飞”等词。如：“韩蝶翻罗幕，曹蝇拂绮窗。斗鸡回玉勒，融麝暖金釭。玳瑁明书阁，琉璃冰酒缸。画楼多有主，鸾凤各双双。”（李商隐《苍蝶鸡麝鸾凤等成篇》），诗中以“蝶翻罗幕，蝇拂绮窗”的妓楼景色开端，言男女好合，楼中处处双飞双宿，情爱美满。

再如李贺的《恼公》：

---

① 该段文字出自宋人乐史《太平寰宇记》卷十四“郓城县青陵台”条之后的一段材料，关于今本《搜神记》与该段文字之间的关系详见董乃斌《李商隐诗的语象——符号系统分析——兼论作家灵智活动的物化形式及其文化意义》。

宋玉愁空断，娇娆粉自红。歌声春草露，门掩杏花丛。
注口樱桃小，添眉桂叶浓。晓奁妆秀靥，夜帐减香筒。
钿镜飞孤鹊，江图画水葓。陂陀梳碧凤，腰袅带金虫。
杜若含清露，河蒲聚紫茸。月分蛾黛破，花合靥朱融。
发重疑盘雾，腰轻乍倚风。
……
黄庭留卫瓘，绿树养韩冯。鸡唱星悬柳，鸦啼露滴桐。
黄娥初出座，宠妹始相从。蜡泪垂兰烬，秋芜扫绮栊。
吹笙翻旧引，沽酒待新丰。短佩愁填粟，长弦怨削崧。
曲池眠乳鸭，小阁睡娃僮。褥缝篸双线，钩绦辫五总。
蜀烟飞重锦，峡雨溅轻容。①

吴炎牧评此诗曰："见色闻声，遂切思慕，心怀彼美，仿佛仪容，揣摩情态，始因媒而通芳讯，继订约而想佳期。当赴招时，由门而迳，由壁而帘屏，以及床席。对酒盟心，题诗鸣爱，方成欢于永夜，又惜别于终宵。"② 这正契合了"韩凭化蝶"的情爱意涵。

然而由于种种内外力因素，中国古代的爱情往往体现为相思主体与相思对象的"阻隔"，即冯梦龙在《平妖传》中所言："大凡不上手的私情有二等：一等郎才女貌，你贪我爱，传书递柬，千期万约，中间有人隔碍，不能成就，花前互想，月下同怜，这谓之相思。一等或男欠着女，那一边女全不挂在心上，或女欠着男，这一边男全不放在肚里。一般情牵意乱，短叹长吁，却是干折了便宜，这谓之单思。"③

面对同样的阻隔之苦，李贺善于借助奇妙的想象、精密的细节建构美好的爱情乐园。在《蝴蝶舞》中诗人倾诉了相思的苦恼：

---

① 吴企明：《李长吉歌诗编年笺注》，中华书局 2012 年版，第 341－342 页。

② 吴企明：《李长吉歌诗编年笺注》，中华书局 2012 年版，第 357 页。

③ （明）罗贯中著，（明）冯梦龙增补：《冯梦龙全集（新平妖传）》，江苏古籍出版社 1993 年版，第 132 页。

杨花扑帐春云热，龟甲屏风醉眼缬。
东家蝴蝶西家飞，白骑少年今日归。①

诗人精细地描摹了杨花烂漫、蝴蝶翩飞的恼人春色，展开深情想象，“诗从对面写来，不言自己思念远方妻子，却说女主人思念自己”②，思念至极，忽见蝴蝶，就自然而然联想到“拂面蜘蛛知喜事，入帘蝴蝶报佳人”，展现了女子力图冲破相思阻隔的迫切心理。

由上可见李贺和妻子的情深，故当这个阻隔发展至阴阳两界时，便通过极乐之境反衬出来，如《追和柳恽》：

汀洲白蘋草，柳恽乘马归。江头楂树香，岸上蝴蝶飞。
酒杯箬叶露，玉轸蜀桐虚。朱楼通水陌，沙暖一双鱼。③

关于此诗情境之美，姚文燮《评》给出了恰切的论述：“楂香粉蝶，美酒瑶琴，水阁临流”④，李贺以细腻的笔触描绘吴兴春色，借想象中柳恽乘马荣归的细节，传递了“慕江南风景，而羡恽之抽簪早归，放怀自适”⑤ 之情。李贺呈现了这番乐园式的爱情，实是以极乐写极哀：妻子尚在世时，已在京华，彼居昌谷，亦可花前月下、同怜互想，终有见期；而如今，纵使能“夜来幽梦忽还乡，小轩窗，正梳妆”（苏轼《江城子》（十年生死两茫茫）），也早已天上人间、生死茫茫，唯有面对千里孤坟，独话凄凉。

于是，李贺将”蝶“化身为爱情的见证者、传信人，借幻想中的幸福美满来缓和内心的苦恨。

---

① 吴企明：《李长吉歌诗编年笺注》，中华书局 2012 年版，第 133 页。
② 吴企明：《李长吉歌诗编年笺注》，中华书局 2012 年版，第 135 页。
③ 吴企明：《李长吉歌诗编年笺注》，中华书局 2012 年版，第 641 页。
④ 吴企明：《李长吉歌诗编年笺注》，中华书局 2012 年版，第 643 页。
⑤ （唐）李贺著，（清）王琦等注：《李贺诗歌集注》，上海人民出版社 1977 年版，第 395 页。

然而陀思妥耶夫斯基曾说过："在我们的地球上，我们确实只能带着痛苦的心情去爱，只能在苦难中去爱！我们不能用别的方式去爱，也不知道还有其他方式去爱。"同样在中国文人的情诗中也有一个极为显著的特征，即长于咏唱一种有缺憾的爱，从中表现一种惘惘不甘的情调。通过古代爱情诗词，诗人们极少去吟咏那一份正在爱中的欢乐意识，亦极少以乐观之眼光，去憧憬爱的明天，而是对消逝的往日之恋一往情深。①

这一点在李商隐的诗作中表现得特别突出：义山将爱情的思索引向更深层次，着重表现失落的爱情。义山一生可考的恋爱有三次，且都以悲剧告终。因此，以下就对这三次爱情加以分析。

少年时期，义山玉阳学仙，与女冠产生了一段幽隐、浪漫的爱恋，此后李商隐写下了大量诗歌回忆这段感情，其中就有《当句有对》：

密迩平阳接上兰，秦楼鸳瓦汉宫盘。
池光不定花光乱，日气初涵露气干。
但觉游蜂饶舞蝶，岂知孤凤忆离鸾。
三星自转三山远，紫府程遥碧落宽。②

"次句状道观之壮丽，暗示其明为求仙（汉宫盘），实效鸳鸯双楼（秦楼鸳瓦）。次联写道观景色：池光闪烁，花影缭乱，晓日晖映，露气初干，透出春色纷然撩人意绪。腹联出句承上，谓但感游蜂怜爱舞蝶，春意正浓；对句启下，谓岂知此孤凤（指贵主之为女冠者）之思念离鸾（其意中人）乎？末联由'忆'字生出，谓时光流转，而所思遥隔，会合无期。……天阔地遥，宜所思者之可望而不可即。"③ 这是一段男欠着女之情，义山一往情

① 王立：《文人审美心态与中国文学十大主题》，辽海出版社2003年版，第87页。

② 刘学锴，余恕诚：《李商隐诗歌集解》，中华书局2004年版，第1865页。

③ 刘学锴，余恕诚：《李商隐诗歌集解》，中华书局2004年版，第1869页。

深，无奈女冠位高心远，好事未久，甜蜜转瞬成天涯，留给诗人心灵的忧伤与创痛。

青年时期，李商隐曾在洛阳与柳枝有短暂的相会、相恋，这场不期而遇的爱情在义山心中留下了甜蜜而又苦涩的记忆。《柳枝五首》其一正是这段感情的如实讲述：

> 花房与蜜脾，蜂雄蛱蝶雌。
> 同时不同类，那复更相思？[①]

张采田谓“柳枝为义山第一知己”[②]，这确切地阐明了义山与柳枝间的真情，正如诗人在序中所言，柳枝“吹叶嚼蕊，调丝压管，作天海风涛之曲，幽忆怨断之音”，极富情韵，极具才情，并且也是一位大胆追求爱情的女子，当柳枝听到《燕台诗》诗后，惊问：“谁人有此，谁人为是？”且“手断长带，结让山为赠叔乞诗”。然最终“会所友有偕当诣京师者，戏盗余卧装以先，不果留”。一场心有灵犀一点通的期约成了永生的阻隔，不久柳枝也嫁入藩镇。这场相恋虽真诚炙热，可一开始就注定凄惨。诗人只能借蜂、蝶喻己和柳枝，以“不同类”聊解不能忘情之意。

第三次是他与妻子王氏关涉党争的悲剧婚姻。王氏在世时，义山感慨颠沛流离的幕府生活和夫妻之间的无奈分离，王氏溘然长逝，更令他的悲痛难以自拔，写下了许多爱泪浸染的悼亡诗，如《青陵台》：

> 青陵台畔日光斜，万古贞魂倚暮霞。
> 莫讶韩凭为蛱蝶，等闲飞上别枝花。[③]

此诗可视为诗人面对亡妻贞魂的自遣与自解：“大中以来，李

---

① 刘学锴，余恕诚：《李商隐诗歌集解》，中华书局2004年版，第113页。
② 刘学锴，余恕诚：《李商隐诗歌集解》，中华书局2004年版，第119页。
③ 刘学锴，余恕诚：《李商隐诗歌集解》，中华书局2004年版，第1153页。

党叠贬，牛党复炽，义山追随郑亚，益遭令狐之忌。至卢幕罢归，穷蹙之极，不得已‘复以文章干绹’。……前二句以斜日暮霞渲染环境气氛，衬托想象中之‘贞魂’，其中似隐含对王氏之追念与对其义烈品格之赞美。后二句乃以‘飞上别枝花’之韩凭自况。……己之干绹，自旁人视之，或正‘放利偷合’之小人‘等闲飞上别枝花’之又一‘背恩’之行，然己为此违心之举，实出万不得已，内心固极痛苦而非‘等闲’为之也。”①

李商隐以缠绵深沉的爱，建造了一个高远、纯净的爱情失乐园，其笔下“蝶”已人格化，亲历了爱情的间阻、悲伤、痛苦。

三、“续蝶”：蝶意象的诗学指向与多重文化精神

李贺、李商隐借由“蝶”意象表达“生命感慨”“爱情相思”两大主题，共同开启了中国诗歌“向内转”的倾向。

在此之前，中国诗歌一直遵守着周秦的“诗言志”传统，抒发与政教相联系的人生态度和理想抱负，背负着“兴观群怨”“温柔敦厚”的教化内容，诗歌的美学意义被政治、社会功能掩盖。而自李贺开创，李商隐的继承和发展，中国诗歌开始注重纯粹的诗意，关注诗人独特的心性气质，以诗人自我的心灵感触、审美需要，营造诗歌意境，创造隶属个人的审美境界。传统美学中的具有一定历史之根的审美中介再次被重视，文学作品直抒胸臆极少，往往借物言情。因此被文化传统肯定的“蝶”更具有了联接自我与客观世界的情感中介效用。正如泰纳所言：“一个字不仅是一个符号，而且是形象的召唤者。”“蝶”意象系统中的字、词、句便包藏丰富的美学内涵，给人极具文化意涵的历史启发。

特定的中华文化构成了独特的生活环境，孕育了“蝶”意象，也制约着人们对人生和人性的思索探讨。卡西尔曾有一段经典论述：“一切历史事实都是有性格的事实，因为在历史中——不

① 刘学锴，余恕诚：《李商隐诗歌集解》，中华书局2004年版，第1156页。

管是在民族的历史还是在个人的历史中——我们都绝不会只研究单纯的行为和行动。在这些行为中我们看到的是性格的表现。”①因此透过李贺、李商隐的创作行为可以窥出个人与民族性格，进而阐发“蝶”意象对中华民族性格和心理的影响。

首先，“蝶”意象体现了物我亲和传统。从“庄周梦蝶”到“韩凭夫妇化蝶”再到“梁祝”故事，中华民族对“蝶”的审美感受性、创造性都在不断增强。“蝶”作为“人化的自然”愈来愈被赋予人格化的情韵，充满人的意识，显示出别样的美。蝶化人，人化蝶，中国古典文学中的物我两忘、情景合一传统更加得到凸显，也促使文人用自我的独特感悟深化、再造“蝶”意象。

其次，“蝶”意象熏陶并强化了华夏民族尚柔美、重豁达的文化精神。一方面，神话由阳刚粗犷渐趋恬静柔美，在这一民族审美意趣和心理的转变中“蝶”意象以其自然外形的柔艳绝美，审美意涵的流播泛化发挥了强烈的推动作用。另一方面，在现实社会中，以庄子为代表的道家哲学借“蝶”倡导豁达之美，这种变通与气度是传统文化的内核之一。东方农耕文明的豁达内敛的气质，使文人士大夫以“哀而不伤”的态度面对情爱的失落、仕途的沉沦，既持之以恒、自我完善、默默进取，又善于自我宽慰、聊以纾解。

其三，“蝶”意象使中国民族文学的创作风格上高标的中和之美、含蓄蕴藉更为突出。政治上的进退出处，爱情上的离别相思，使创作主体始终徘徊游走于两端，在模棱两可中传递意绪。因此文人言“蝶”，表达自我情怀，也就常常是静中见动，淡中透烈，反抗与自慰交织，率性奔放与克制含蓄并重。

“蝶”意象作为中国古典诗歌的经典意象，在李贺、李商隐笔下的成功塑造不仅恰切地传达了两位诗人对功名、爱情这永恒话题的共同体会和个人意绪，也从“蝶”意象的发生、发展史角度极大地充实了“蝶”诗的主题意蕴，为陆游等后世诗人留下了

---

① ［德］恩斯特·卡西尔著，甘阳译：《人论》，上海译文出版社 1985 年版，第 249 页。

宝贵的创作财富，更从中国古代诗学传统方面开创了“向内转”、关注自我情感的路径，使诗歌成为追问生命的一种独特方式并与华夏文化建构起双向关系。

参考文献

［1］［德］恩斯特·卡西尔著，甘阳译：《人论》，上海译文出版社 1985 年版。

［2］陈鼓应：《庄子今注今译》，商务印书馆 2007 年版。

［3］陈鼓应：《庄子浅说》，生活·读书·新知三联书店 1998 年版。

［4］刘小枫：《拯救与逍遥》，华东师范大学出版社 2007 年版。

［5］刘学锴，余恕诚：《李商隐诗歌集解》，中华书局 2004 年版。

［6］钱锺书：《谈艺录》，生活·读书·新知三联书店 2001 年版。

［7］王立：《心灵的图景——文学意象的主题史研究》，学林出版社 1999 年版。

［8］王立：《文人审美心态与中国文学十大主题》，辽海出版社 2003 年版。

［9］吴企明：《李长吉歌诗编年笺注》，中华书局 2012 年版。

［10］叶葱奇：《李贺诗集》，人民文学出版社 1985 年版。

［11］董乃斌：《李商隐诗的语象——符号系统分析——兼论作家灵智活动的物化形式及其文化意义》，《文学遗产》1989 年第 1 期。

［12］苏涵：《一个弱者的爱情世界——李商隐爱情诗的人格阐释》，《山西师大学报》1993 年第 3 期。

以道为体，以势为用

——汉代门客籍福的矛盾心态及其践行方式

金昭颖

2011级　汉语言文学

摘　要：西汉大一统的局面下，门客失去了“朝秦暮楚”的机会，因而也就失去了战国时期士人的独立人格，他们对权贵的依附性较战国时代更为加强。西汉门客事主心态存在着内在的矛盾：一方面，他们在权贵面前要降低姿态、收敛锋芒；另一方面，他们又有着传统士人敢为人先、正直无私的情怀。在《史记·魏其武安侯列传》中籍福对武安侯的依附与对魏其侯的同情，反映了这一阶段士人在“附势”与“守道”之间的折衷态度。从社会历史背景的角度，从汉代门客籍福的生存背景与从政方式入手，分析了矛盾心态的产生与统一。

关键词：门客；附势；守道；平衡

一

籍福是西汉景帝与武帝时期依附于权贵的一位高级门客，在《史记·魏其武安侯列传》中，他以武安侯田蚡门客的身份数次出现，充当了魏其侯窦婴与武安侯田蚡二人之间话语的传递者，并凭借其敏锐的洞察力和老练的处事方式对窦婴、田蚡二人的矛盾的处理起到了微妙的作用。

作为田蚡的门客，籍福以全局性的眼光为武安侯出谋划策。在武安侯新贵之时劝诫其以退为进，最终赚得高位，令人叹其老于世故。而籍福又在窦婴得势之时对窦氏过于直率的性格给予忠告。在他的身上，我们看见的并不是一个简单事件中起叙述作用的扁平人物形象，而是一个精神独立的复杂个人。我们既可以看见法家理论中“术”与“势”的体现，也可以看见其带有仁性与良知的价值取向。籍福的行为与价值取向，是与他所处的特定时代与其“门客”的身份密切相关的。

“门客”这一身份，兴起于春秋战国时代，当时养客之风盛行，最为著名的是战国四公子及其门客们，秦时又有李斯、韩非等。门客往往是当时社会上的游民与士人，他们依附于权要，为其充当谋士或保镖等角色。李珺平认为，“门客”的人生目标是求富贵、取尊荣、建不朽之功业，他们的路径是通过依附某个主子，将自身“工具化”，达成被豢养与豢养的关系。而到了西汉，中央集权制已经形成，门客的主子虽各有异，但其终极的服务对象只有一个，便是帝王。

时至窦田相争时期，八王之乱已经结束，虽然当时外戚干预朝事，武帝羽翼未丰，但国家的权力仍然集中于中央，并无诸侯割据迹象。以贵族势力为平台，向中央提供信息或自我推荐，是当时门客实现自身抱负的主要方式。如司马相如凭梁王门客扬名而最终为武帝赏识。

在中央集权政治与当时以“无为而治”的基本政策下，身为门客的士人失去了战国时期的“雄豪精神”，对权贵地位的依附性较春秋战国时期更为加强。当时士人中甚至有公孙弘之流，提出“曲学阿事”的处事主张。因此，基本的门客身份，使籍福身上也带有明显的世俗性，他对于“主”的依附性是毫无疑问的。

当时的丞相田蚡，是王太后同母异父的弟弟。《史记·魏其武安侯列传》说他“新欲用事为相，卑下宾客，进名士家居者贵之，欲以倾魏其诸将相”[①]。说明此时窦、田二人虽然俱贵，然田蚡在尊宾客之道上略高于窦婴。不过，这种“高”的背后，实际上并非窦、田在收买门客时手段有高下之别，而是汉文帝窦太后

① （汉）司马迁：《史记》，中华书局 1982 年版，第 2842 页。

外戚势力的式微、汉景帝王太后外戚势力兴起在当时的真实反映。

籍福选择田蚡为主，是因为他能凭此得到地位的提升，因为当时的“势”在田蚡而不在窦婴。即便窦婴行事磊落、人品忠正，田蚡狡诈贪婪、人品卑劣，但是对于以籍福为代表的多数士人而言，跟从田氏而摒弃窦氏却是必然的选择。这一表面看来有违常理的现象，反映的却是在西汉大一统局势下，士人在政途抉择中，“道”对“势”的屈从。

二

迫于形势，门客逐势力而走，这种群体性现象，虽有不义之嫌，但这也是为了实现人生目标的必然选择。如此，在士人的内心必然产生这样的自我矛盾——在理想与现实、正直与阿谀的碰撞下，如何进行自我的内在调节？如何在这种内在冲突中获得平衡？如公孙弘之流，尽管背离了知识分子应有的良知，奉行附势利己、损人损国的处事原则，可是最后却官至宰相，并得以善终。这一现实未免会产生以下悖论——“曲学阿事”是知识分子存活于权势的一大出路。

虽然这种价值观念确实适用于当时部分士人，而且不少士人也确实因阿谀而得富贵，但多数士人依然坚守了自我的“道”的观念。不过，他们实现自我内在的“道”的途径却颇耐人寻味。

如时为武帝侍郎的东方朔，虽然他志在命世，时常“观察颜色，直言切谏”①，但在武帝眼中，他不过是类似俳优的家臣而已。所以入长安多年以来，东方朔眼看着“自公孙宏以下至司马迁，皆奉使方外，或为郡国守相至公卿”②，而自己的官职却一度从太中大夫降为侍郎，且历年不迁。“久之，朔上书陈农战强国之

---

① （汉）班固撰，（唐）颜师古注：《汉书》，中州古籍出版社 1991 年版，第 467－468 页。

② （汉）班固撰，（唐）颜师古注：《汉书》，中州古籍出版社 1991 年版，第 468 页。

计，因自讼独不得大官，欲求试用。其言专商鞅、韩非之语也，指意放荡，颇复诙谐，辞数万言，终不见用。朔因著论，设客难己，用位卑以自慰谕。”① 不难理解，表面上随武帝龙颜而俯仰的东方朔，内里却有一颗不屈不挠的心，也正因为东方朔对传统士人的“道”的持守，也宣示了他对自己服务的人主的“势”的不屈。他的“不名一行，应谐似优，不穷似智，正谏似直，秽德似隐”的玩世不恭的态度，又何尝不是要维护在以武帝为核心的“势”之外的人格独立？东方朔仕途之屈沉，表面看来是出于其行为之轻薄，而实质上却是因为他的耿直，他的思想依然停留在苏秦、张仪、商鞅、韩非所处的战国时代“势”对“道”妥协的阶段。班固不无惋惜地称其为“滑稽之雄”，也隐喻出这一时期士人在命势时以“道”为主，以“势”为辅的可悲后果。

同样，籍福在“道”与“势”的取舍中，也经历了一个痛苦的选择过程。据《史记·季布栾布列传》记载，他曾与灌夫一起作过季心的门客。《史记·魏其武安侯列传》云：“丞相（田蚡）尝使籍福请魏其城南田。魏其大望曰：‘老仆虽弃，将军虽贵，宁可以势夺乎！’不许。灌夫闻，怒，骂籍福。籍福恶两人有郄，乃谩自好谢丞相曰：‘魏其老且死，易忍，且待之。’”② 从这里我们可以看得出籍福代表田蚡向魏其侯强索田地时，其实是三头受气的。明知土地要不到，还要得罪魏其侯；明知老朋友灌夫的脾气，却在挨灌夫破口大骂时逆来顺受；明知田蚡与灌夫的私人恩怨很深，却在田蚡面前骂自己无能力收来田地，并息事宁人，安慰田蚡要耐心等待窦婴死后再要土地，不希望把事情闹大。

仔细分析，索要田地一事，籍福真正不想得罪的只有窦婴、灌夫二人，尽管他在田蚡面前自责。那么籍福为何不想得罪窦、灌二人？一方面出于对窦、灌为人的尊重；另一方面也和灌夫曾与他一起在季心幕府患难与共的经历息息相关，这两方面原因无

① （汉）班固撰，（唐）颜师古注：《汉书》，中州古籍出版社 1991 年版，第 468 页。

② （汉）司马迁：《史记》，中华书局 1982 年版，第 2849 页。

疑都与正直士人所持守的道义不无关系。

但是，籍福所处的现实是：他又实实在在地依附于丞相田蚡。作为门客，他必须恪守自己的职责，为主人的利益服务。作为一位有良知的士人，籍福自有自己的价值判断。籍福的困惑在于既要依附于权焰熏天的丞相田蚡，又不想使人品正直的窦婴受到伤害，同时，还要在处理彼此关系时，不能让自己身陷其中，赔上性命。

三

基于以上原因种种，籍福做了如下选择：以道为体，以势为用。即表面上随田蚡相俯仰，而在实质上却极力保护窦婴不受伤害。需要说明的是，籍福与魏其侯非亲非故，也没有任何的利益关系，他对魏其侯的回护，完全出于传统士人的正常价值取向。

籍福在具体践行其价值取向时，采取的方式也较为微妙，这从《史记·魏其武安侯列传》中籍福的三次行为中反映出来。

其一，窦婴拜相，籍福往贺：

> 武安侯新欲用事为相，卑下宾客，进名士家居者贵之，欲以倾魏其诸将相。建元元年，丞相绾病免，上议置丞相、太尉。籍福说武安侯曰："魏其贵久矣，天下士素归之。今将军初兴，未如魏其，即上以将军为丞相，必让魏其。魏其为丞相，将军必为太尉。太尉、丞相尊等耳，又有让贤名。"武安侯乃微言太后风上，于是乃以魏其侯为丞相，武安侯为太尉。籍福贺魏其侯，因吊曰："君侯资性喜善疾恶，方今善人誉君侯，故至丞相；然君侯且疾恶，恶人众，亦且毁君侯。君侯能兼容，则幸久；不能，今以毁去矣。"魏其不听。[①]

① （汉）司马迁：《史记》，中华书局1982年版，第2842页。

籍福深知魏其侯窦婴与武安侯田蚡暗中较劲，都想当丞相的心理，又恐心术不正的田蚡用相后对朝野的祸害，因此巧为演说，让田蚡借让贤之名主动放弃丞相之职，以免产生与窦婴的直接冲突。表面来看，籍福在为田蚡的未来考虑，是对“势”的让步，而实质上，他对窦婴当丞相的支持，即是对正直之“道”的持守。而且他也希望窦婴能对当时“势”与“道”予以适度取舍，希望窦婴息事宁人，对田蚡适度忍让。鉴于田蚡在举荐自己当丞相一事上所做的让步，他认为窦婴应对身为太后弟的田蚡的日常不轨予以适度隐忍，这样其丞相之职就可能多做一些时日；如果窦婴不能看到田蚡对他的帮助，而一味盯着他飞扬跋扈的缺点，那么自己的丞相也就不能长久做下去。在籍福心目中，“道”对“势”的适度让步，都是为了更好地贯彻“道”，可见籍福的头脑是清醒的，方式也是微妙的。

其二，田蚡请田，籍福为谢：

> 丞相尝使籍福请魏其城南田。魏其大望曰：“老仆虽弃，将军虽贵，宁可以势夺乎！”不许。灌夫闻，怒，骂籍福。籍福恶两人有郄，乃谩自好谢丞相曰：“魏其老且死，易忍，且待之。”①

籍福并不想作为田蚡抢夺窦婴田地的帮手，但是面对以王皇后为后台的“势”，他不得已而违心地强行索要窦婴在城南的田园，对于籍福自己而言，这本身就是“道”对“势”的让步；籍福对窦婴的凌辱，引起灌夫的强烈不满，就灌夫而言，他对籍福的痛骂，也是其自身“道”对“势”的不屈；籍福回田蚡话时“谩自好谢丞相”，一方面将责任推在自己身上，大有卫“道”之士的壮举；另一方面，又言窦婴即将老死，让田蚡等等再收城南田不迟，显示出他在调和“势”与“道”冲突时的智慧，说到

① （汉）司马迁：《史记》，中华书局1982年版，第2849页。

底，这还是为了维护正常士人的价值观。

其三，灌夫骂酒，籍福为谢：

> 魏其侯去，麾灌夫出。武安遂怒曰："此吾骄灌夫罪。"乃令骑留灌夫。灌夫欲出不得。籍福起为谢，案灌夫项令谢。①

灌夫在酒席上对田蚡出言不逊，田蚡欲借机杀灌夫。籍福强按灌夫脖颈令其向田蚡谢罪，反映出籍福在危急关头理智、机警的一面。灌夫后来终未谢罪而被杀，并祸及窦婴，说明了这一时期"势"与"道"的交锋中，逆"势"而动的必然后果。这反过来也说明，在西汉大一统时期，"势"的强盛及"道"的式微。

四

其实，"势"与"道"的冲突是贯串在历朝历代臣僚内心的。就个案而言，"势"与"道"在各个历史时期的强弱关系不能一概而论。战国时代的"势"并不一定都向"道"妥协。如孟子宣扬的"仁政""民贵君轻"的理论反映了当时人民对和平安定生活的向往，也是多数理性的士人所普遍认同的观点，却偏偏在现实中屡受挫折，国家之间兼并战争此起彼伏，孟子的思想根本没有市场；而秦汉以后的大一统的时代，"道"也不一定都要让位于"势"。如东汉末年社会的动乱激发了士人对封建体制的重新认识，这推进了人的觉醒，而以此为发端，魏晋时代采用了九品中正制的选官制度，这在一定意义上反映了专制皇权对知识分子争取自由权力的部分让步。

就西汉武帝时代而言，籍福在"势"与"道"之间周旋的游刃有余与东方朔在"势"与"道"之间徘徊的举步维艰，充分说

① （汉）司马迁：《史记》，中华书局1982年版，第2849－2850页。

明了个人在处理两者关系时的不同方式与智慧。东方朔以特立独行的个性实现志于济沧生的理想，在武帝专制集权面前遇到了前所未有的挫折。东方朔的悲剧在于其不谙时势，对个人角色理解的错位。而籍福在“势”与“道”之间能够周旋自如，就在于他找准了适合自己处理“势”与“道”内在矛盾的践行方式。即以正确的价值观为根本，在处理与权势之间的关系时，既不抵触于当权之“势”，又不违背于内心之“道”，从而获得两者之间的微妙平衡。

参考文献

［1］（汉）司马迁：《史记》，中华书局 1982 年版。

［2］（汉）班固撰，（唐）颜师古注：《汉书》，中州古籍出版社 1991 年版。

［3］李珺平：《春秋战国门客文化与秦汉致用文艺观》，中国社会科学出版社 2001 年版。

［4］余士英：《士与中国文化》，上海人民出版社 1987 年版。

《战国策》中居高位者的委婉语研究

郑　爽

2011 级　汉语言文学

摘　要：在《战国策》对语言总结归纳的基础上，选取居高位者的委婉语为研究对象，依次从回避名讳、尚礼谦敬、遣派贬谪、恳求请托、军事外交五个类别列举相关实例并予以阐释证明。

关键词：战国策；居高位者；委婉语；避讳谦敬

委婉语即“用一种不明说的、能使人感到愉快的或含糊的说法，代替具有令人不悦的含义或不够尊敬的表达方法。”① 尽管同是战乱四起、诸侯争霸，但不同于春秋的是，战国时期各国戎事的成败很大程度上取决于说客们的纵横之术、游说之辞。历来学界对于委婉语的探讨主要从自下至上的谏言出发，以古代典籍中频繁出现的说辞为研究对象，而本文着力于探讨《战国策》中诸侯谋士自上而下使用的委婉语。

中国素有“礼仪之邦”的美称，避讳尚礼的传统由来已久。战国特殊的时代背景和政治环境使策士们的政治地位大大提升，为了自身利益、国家安危，国君诸侯自觉地降低身位，真切婉转地下达命令、恳请臣子。若想在激烈的竞争局势下谋得一席之地，丰富多变的外交辞令亦是一门精深的语言艺术。本文尝试从居高位者的角度对委婉词、句、修辞等多种形式进行探索，将身份地位与口语艺术相联系，发挥其对于当代语言应用的借鉴意义，力求在《战国策》语言研究领域有新的突破。

---

① ［英］哈特曼，［英］斯托克著；黄长著等译：《语言与语言学词典》，上海辞书出版社 1981 年版，第 120 页。

一、回避名讳类委婉语

“委婉语词的产生，大抵是从塔布（禁忌）开始的。”[1] 受沿袭千年的封建文化的影响，古人的言谈中遇有触犯忌讳的事物，一般不直说而选择委婉的表达方法，亦即避讳。除却君主姓名之外，死亡自古至今都是人们极力回避的不吉利词眼，因此，君主往往以平和动听的变词含蓄地表达死亡之意。如：

（1）楚王游云梦，仰天而笑曰：“人万岁千秋后，谁与乐此矣？”（《战国策·楚策》）

在中国封建社会里，“万岁千秋”是最高统治者的代名词，寿命无限的表述显示出君主显赫的地位，楚王以“万岁千秋”代指自己的离世，映射出森严等级观念的根深蒂固。

（2）魏王曰：“子患寡人入而不出邪？”（《战国策·魏策》）

（3）会先王弃群臣，寡人新即位，左右误寡人。（《战国策·燕策》）

（4）秦王曰：“天子之怒，伏尸百万，流血千里。”（《战国策·魏策》）

（5）丹不忍以己之私，而伤长者之意。（《战国策·燕策》）

“入而不出”“弃群臣”是帝王之死的婉辞，隐晦曲折。（4）中“伏尸百万，流血千里”极言战争死亡的惨烈，这是委婉语中的语义扬升，秦王强调触犯天子后果的严重性，与语义弱化——“伤长者之意”所谓的取樊於期头颇分属两类。

① 陈原：《社会语言学》，商务印书馆2000年版，第349页。

二、尚礼谦敬类委婉语

古人在交际语中特别注重谦敬语的使用，《礼记·曲礼》云：“夫礼者，自卑而尊人。”自称其名，敬称他人，扬人抑己的委婉词句充分体现了我国尚礼的传统，对于如今和谐社会的建设亦具有重要的启发意义。

（一）谦　语

谦语即表示自我谦虚的言辞，中华文化自谦的礼貌氛围和居高位者恳请臣子的缘由使谦语广为使用。

（1）谁习计会，能为文收责于薛者乎？（《战国策·齐策》）

孟尝君作为战国四公子之一，门下食客数千，其谦卑待人的态度吸引着八方志士不远千里投奔其门下。该篇中，对食客自称己名的礼节即可见一斑。

古代帝王谦称自己为“寡人”“孤”等，女子自称“妾”，以示自己谦虚恭谨的态度。这类规约性的、一般的谦敬语还体现在“不”字结构和表示“懦愚”“蠢愚”“年少”等形容词以及自比贱物的修辞中。

（2）曰：“不谷得商于之田，方六百里。”（《战国策·秦策》）

（3）齐王曰：“寡人不敏，今主君以赵王之教诏之，敬奉社稷以从。”（《战国策·齐策》）

（4）躬窃闵然不敏，敬执宾主之礼。（《战国策·秦策》）

（5）寡人不佞，不能亲国事也，故子弃寡人事楚王。（《战国策·秦策》）

（6）寡人愚不肖，先生乃幸至此，此天以寡人恩先生，而存先王之庙也。寡人得受命于先生，此天所以幸先王而不

弃其孤也。(《战国策·秦策》)

《尔雅·释诂》载:“谷,善也。”“不谷”“不祥”即不善,“不敏”即不聪明,“不佞”即没有才能,“不肖”即不贤,这类“不”字形容词都是君主表示自己谦虚乐政的婉辞。

(7) 宣太后谓尚子曰:“妾事先王也,先王以其髀加妾之身,妾困不疲也;尽置其身妾之上,而妾弗重也,何也?以其少有利焉。今佐韩,兵不众,粮不多,则不足以救韩。夫救韩之危,日费千金,独不可使妾少有利焉。”(《战国策·韩策》)

宣太后以自己作比,将秦韩二国婉曲地比喻为君妾,以婉曲地提出“救韩之危”的条件,为利己寻找恰当的理由。

(8) 请而见之,谢曰:“文倦于事,愦于忧,而性懦愚,沉于国家之事,开罪于先生。”(《战国策·齐策》)

(9) 魏王曰:“寡人蠢愚,前计失之。请称东藩,筑帝宫,受冠带,祠春秋,效河外。”(《战国策·魏策》)

(10) 赵王曰:“寡人年少,莅国之日浅,未尝得闻社稷之长计。”(《战国策·赵策》)

(11) 燕王曰“寡人蛮夷辟处,虽大男子裁如婴儿,言不足以求正,谋不足以决事。”(《战国策·燕策》)

燕王身为一国之君,却将自己比作愚昧无知的婴儿,以向张仪表达自己鄙陋寡闻、决断失策的歉意。

然而,过谦的辞令会产生逆委婉的效果,反而失去了原始的真实感,显得造作而虚伪,成为统治者的话语标志。

(二) 敬 辞

敬辞即对人表示恭敬的词语,反映居高位者礼贤下士、收拢人心的目的。

（1）信陵君曰：“无忌谨受教。”（《战国策·魏策》）

（2）赵王意移，大悦曰：“吾愿请之，何如？”（《战国策·中山策》）

（3）谓范雎曰：“寡人宜以身受令久矣。”（《战国策·秦策》）

君主在恳请对方时，谦称通常与敬语并用。上文示例中提到的“敬奉”“敬执宾主之礼”等“敬”字一族和“开罪于先生”“吾愿请之”“以身受令”等婉转的语言形式皆是君主们将自己置身下位、抬高对方地位的表现。

敬称是指恭敬口吻的称呼，在《战国策》中常见的有“客”“君”“先生”等。如：

（4）韩王曰：“客幸而教之，请比郡县，筑帝宫，祠春秋，称东藩，效宜阳。”（《战国策·韩策》）

为进一步加强恭敬语气，在“客”前加上“大”“上”修饰，形成“大客”“上客”，使得气氛更加融洽，体现说话人的道德修养。

（5）齐王曰：“齐僻陋隐居，托于东海之上，未尝闻社稷之长利。今大客幸而教之，请奉社稷以事秦。”（《战国策·齐策》）

（6）今上客有意存天下，安诸侯，寡人敬以国从。（《战国策·赵策》）

（7）秦王色挠，长跪而谢之曰：“先生坐，何至于此！寡人谕矣。夫韩、魏灭亡，而安陵以五十里之地存者，徒以有先生也。”（《战国策·魏策》）

（8）今君欲一天下，安诸侯，存危国，寡人谨奉社稷以

从。（《战国策·楚策》）

(9) 秦王跪而请曰："先生何以幸教寡人?"（《战国策·秦策》）

若在沟通交流中出现意见不合、观点分歧的情形，古人中庸克制的思维模式教会他们压抑内心强烈的情绪，避免怒即发的宣泄方式。言语中的"休""大息""老悖"等词即是愤怒不快的微释放和委婉语轻化作用的体现。

(10) 曰："诺。先生休矣!"（《战国策·齐策》）

(11) 春申君曰："仆已知先生，先生大息矣。"（《战国策·楚策》）

(12) 襄王曰："先生老悖乎? 将以为楚国袄祥乎?"（《战国策·楚策》）

三、遣派贬谪类委婉语

战国时期，君主在下达命令、遣派贬谪时，因为理据不够充分或者有求于策士、使者，使用委婉的语句表达，一方面能维护自身的谦和形象，另一方面又能使受话人心领神会，两全其美。具体举例如下：

(1) 秦兵旦暮渡易水，则虽欲长侍足下，岂可得哉?（《战国策·燕策》）

(2) 日已尽矣，荆卿岂无意哉? 丹请先遣秦武阳。（《战国策·燕策》）

以上这两例皆是太子丹以委婉客气的语言形式间接表达了催促荆轲启程去燕之意，恰如其分地传递了国难当头、形势紧急的信息，又缓和了语气，降低了直言触怒荆轲的可能。

(3) 齐王谓孟尝君曰:“寡人不敢以先王之臣为臣!”(《战国策·齐策》)

表面是礼貌之言，实则是齐滑王以“先王之臣”为由撤免孟尝君的职务，表明国家将不再任用他。相反，借先王之名招贤纳士的婉言亦不乏其例。如:

(4) 将军自为计则可矣，而亦何以报先王之所以遇将军之意乎?(《战国策·燕策》)

(5) 寡人不足为也;愿君顾先王之宗庙，姑反国统万人乎!(《战国策·齐策》)

“顾先王之宗庙”“统万人”是齐王恳请冯谖复职的婉辞。

四、恳求请托类委婉语

战国形势的错综复杂与各国势力的此消彼长催生了一个游说者的时代。策士说客奔走于君王之间，巧言饰辩、争奇斗智、运筹帷幄，各诸侯国决胜于烽火之中，你争我夺、互相征伐、不相上下，奇才俊士往往凭着短短的游说活动，即可左右局势的发展，决定一国的安危存亡。为治国安民、一统天下的相同目标，居上位者不得不诱引拉拢各地有才之士臣服于己，自然，委婉语在恳求请托类对话里占据关键地位。

(1) 阴姬公稽首曰:“诚如君言，事何可豫道者。”(《战国策·中山策》)

该句字面意思是:若真如你所说，现在就没什么好说的了。言外之意是:事成后我定会好好报答您。阴姬公有求于司马赒，希望司马赒能荐女成功，“豫道”是客套的暗示词。再如:

(2) 秦武王谓甘茂曰："寡人欲车通三川，以窥周室，而寡人死不朽乎?"(《战国策·秦策》)

秦武王对甘茂说，如果他能帮助自己实现进攻三川的夙愿，定将至死不忘甘茂之恩。野心勃勃的秦武王只有广用委婉动听的话语拉拢谋臣策士为自己效力，才能征占土地，最终取代周王。

(3) 敢问以国报仇者奈何?(《战国策·燕策》)

燕昭王虽身居高位，但对于如何用兵布阵仍需向熟谙时势的郭隗请教询问，因而，此处用"敢"字表明自己的谦卑态度。这类例子在《战国策》中屡见不鲜。

(4) 子独不可以忠为子主计，以其余为寡人乎?(《战国策·秦策》)

您为什么不能尽忠于您的君主同时，把多余的智慧拿来替我谋划一下呢? 秦王轻视陈轸而食后来之恶果，悔不当初的目光狭隘，只好以低下的姿态恳求陈轸为其出谋划策。

五、军事外交类委婉语

在《战国策》中，有采取以形见义的手法婉称军事。如"缩甲"以铠甲萎缩之形代指退兵，"承下尘"以灰尘漫天之形婉指决战。另有以"入于"表叛变投诚。举例如下:

(1) 其缩甲则可，不然，则愿待战。(《战国策·楚策》)

(2) 昭常应齐使曰："我典主东地，且与死生。悉五尺至六十，三十余万弊甲钝兵，愿承下尘。"(《战国策·楚策》)

(3) 恐反人以入于秦，故谋未发而国已危矣。(《战国策·

楚策》）

朝秦暮楚的外交中，国家、个人立场的坚定性充分显示出人格的魅力和国家的原则。譬如：

（4）韩王忿然作色，攘臂按剑，仰天太息曰："寡人虽死，必不能事秦。"（《战国策·韩策》）

（5）鲁连曰："世以鲍焦无从容而死者，皆非也。今众人不知，则为一身。"（《战国策·赵策》）

韩王誓死不事秦的独立精神坚定了韩国的自主对外方针。鲁仲连自比鲍焦，暗喻反对投降于秦的坚决态度，委婉却有力地驳斥了辛垣衍轻言屈服的媚骨。

（6）魏者，赵之虢也；赵者，魏之虞也。（《战国策·魏策》）

魏王以唇亡齿寒的寓言式说辞作比，劝谏赵王勿听任秦国攻打魏国。

（7）昭侯曰："非所谓学于子者也。听子之谒，而废子之道乎？又亡其行子之术，而废子之谒乎？子尝教寡人循功劳，视次第。今有所求，此我将奚听乎？"（《战国策·韩策》）

昭侯一连串密集的反问句，只问不答，最终以"今有所求，此我将奚听乎"作结，富于气势，问得申不害哑口无言、自知理亏，只好离开客舍。

（8）愿举国为内臣，比诸侯之列，给贡职如郡县，而得奉守先王之庙。（《战国策·燕策》）

相反，若在外交中处于绝对弱势地位，投诚苟和的委婉语也大有讲究。如上例中燕王欲奉守先王的宗庙，即是向大秦奢求一个存小国的机会。

综上所述，丰富的委婉辞令并不局限于说客策士的劝谏之言，居高位的王室诸侯出于利己、利他、泛利的目的，在交际中亦广泛使用。这类突出的语言现象不仅反映了战火纷争的时代背景，也是较为发达的战国文化以及民族心理特征的体现。所以，研究《战国策》中的委婉语无论对词汇充实、古籍研读还是对民族习俗、现代汉语、交际文化等的探究，都将带来新的启示。

参考文献

[1] 王力：《汉语史稿》，中华书局2004年版。

[2] 王力主编：《古代汉语》，中华书局1962年版。

[3] 邵军航：《委婉语研究》，上海外国语大学博士学位论文，2007年。

[4] 宋晓岩：《〈战国策〉中的委婉语研究》，延边大学硕士学位论文，2005年。

[5] 温志权，詹绪左等：《古代汉语谦敬语的文化意蕴》，《学语文》2010年第5期。

[6] 郑红明：《委婉辞格的异议》，《南京大学学报》（哲学·人文科学·社会科学版），1997年第4期。

对宰我形象的再认识

徐 俐

2011 级 汉语言文学

摘 要：《论语》中的宰我，一直是孔子所斥责的对象。而在传统的认知中，同样也对宰我这一人物持一种与孔子相同的看法。那么，宰我是否真的是这样的一个形象，或许还有待探究。从《论语》中涉及宰我的几个事例出发，对其进行简单分析，以重新认识宰我的个人形象。

关键词：宰我；孔子；论语；思辨精神

《史记·仲尼弟子列传》中记载道："宰予字子我。利口辩词。"[1] 在《论语》中，孔子的弟子宰我可以算作是一个异类了。与其他弟子对孔子顺从敬畏的态度不同，宰我经常与孔子"叫板"，甚至一些问题的提出，会让人觉得这是一种出于对老师的喜欢的调皮刁难。同时，通过这些事例，也不难理解宰我能在言语科上稳居第一的原因了。在孔子的弟子中，有着如此生动的形象刻画的，也许就是"行行如也"的子路与这看起来十分叛逆的宰我了。

但是，宰我与子路不同的是，他的行为显得更加离经叛道一些，他并不完全按照孔子的一套行为准则去奉行实践。例如，有个十分出名的"宰予昼寝"[2] 的例子。宰我如此行事，明知会惹自己的老师生气，但也依旧不改，像是故意和孔子唱反调。从这些事情中，反倒可以看出宰我是这样的一个人——他会思考一件

---

① （汉）司马迁：《史记》，中华书局 1982 年版，第 2194 页。

② 杨伯峻：《论语译注》，中华书局 2009 年版，第 44 页。

事情是否有其存在的道理，并对自己老师一直固守的礼法提出一些自己的独特看法，甚至是反对意见。

例如，宰我认为，“三年之丧，期已久矣。君子三年不为礼，礼必坏；三年不为乐，乐必崩。旧谷既没，新谷既升，钻燧改火，期可已矣。”孔子问他：“食夫稻，衣夫锦，于女安乎?”宰我答道：“安。”孔子说：“女安，则为之！夫君子之居丧，食旨不甘，闻乐不乐，居处不安，故不为也。今女安，则为之!”宰我出。子曰：“予之不仁也！子生三年，然后免于父母之怀。夫三年之丧，天下之通丧也，予也有三年之爱于其父母乎！”①

这段文字提到了宰我认为守丧之期一年就已足够，而理由只是笼统的一句话匆匆带过，即君子若过长时间地不为礼，可能会导致礼崩乐坏。而孔子却凭借这句话便草草判断了宰我是个不孝之人。

但是，事实上，宰我也许并非是孔子所认为的这样。或许宰我正是希望通过守丧时间的这一改变，使得礼法能够更好地被巩固、被奉行。孔子认为君子是礼乐延续的重要的主体部分。孔子在去往武城时，闻见弦歌之声，立刻便笑称“杀鸡焉用牛刀?”可见，在孔子心里一直将礼乐作为君子与统治者的专属，而宰我也一样。在质疑守丧之期过长的同时，很明确地指出了“君子”这一对象，“君子三年不为礼，礼必坏；三年不为乐，乐必崩”。试想，身为“德合一方、行比一乡”的君子，若是君子这个作为周边典范之人都因固守丧制而不为其他礼或乐，可以想象这个地方的礼乐便不复存在了。

关于丧制，有一个人曾有一番反叛的举动。《世说新语·任诞》中记载：“阮籍当葬母，蒸一肥豚，饮酒二斗，然后临诀，直言‘穷矣!’都得一号，因吐血，废顿良久。”② 刘注引邓粲《晋纪》曰：“籍母将死，留人围棋如故，对者求止，籍不肯，留

---

① 杨伯峻：《论语译注》，中华书局2009年版，第186页。

② （南朝）刘义庆撰，（南朝）刘孝标注：《世说新语》，上海古籍出版社1982年版，第382页。

与决睹。既而饮酒三斗，举声一号，呕血数升，废顿久之。”① 阮籍在母亲死之后，并未按照传统的一套礼法模式去置办自己的母亲的丧礼，但这引致吐血的哀恸之情，比起那些形式化守孝的人，反倒更能让人体会到身为一个孝子的赤诚之心。

同样，宰我之所以认为“安”，在于他所设定的对象是“君子”，却非所有的“民”。这个前提条件十分重要。也许在宰我看来，就算是没有外在形式化的固守，在君子的内心，也同样是在以另一种方式在守丧。

宰我在对守丧之期提出异议时，并非如孔子所理解的那般是为逃避守丧之久而找的托词，而恰恰相反，宰我的出发点却是针对礼乐制度的逐渐衰退而提出的自己的一点见解，并想要与孔子探讨。可惜，孔子或许早已对宰我的成见颇深，根本未及细想便草草判断他不仁，而忽略其内涵之所在。许多对宰我的不仁看法便来源于此，若是这样的说法成立，那么，宰我真的是我们印象中的不仁之人吗？还是说，宰我是孔子弟子中唯一一个具有思辨精神、善于思考与敢于挑战质疑权威，同时又一心为延续礼乐而不断琢磨的仁人志士？

宰我这样具有思辨精神和敢于挑战质疑权威的特点还体现在另一处：

> 宰我问曰：“仁者，虽告之曰：“井有仁焉。”其从之也？”子曰：“何为其然也？君子可逝也，不可陷也；可欺也，不可罔也。”②

宰我问，如果有一个仁者知道了另一个仁者掉入了井中，那到底是该救不该救？这个问题实则刁钻，似乎专为刁难孔子而问。这个问题设定得十分巧妙。若孔子回答该救，那么两人同是仁者

---

① （南朝）刘义庆撰，（南朝）刘孝标注：《世说新语》，上海古籍出版社 1982 年版，第 382 页。

② 杨伯峻：《论语译注》，中华书局 2009 年版，第 62 页。

究竟为何而救。正如孔子所看重的那样，个人的自身德行在对社会所造成影响下反倒显得没有那么重要，比如管仲。仁者的存在便是为了影响从而改善这个社会而存在。那么，若是在必须以一个仁者而牺牲另一个仁者的前提下而去救人，意义又何在呢？同样，若是回答不救，那么这个仁者还是孔子所推崇尊敬的仁者吗？还有第三种回答方式：找别人来救。这个看似比较“划算”的救法，但在孔子那里却是不可能的，同时，这个以牺牲别人生命来救另一个仁者的方法，已在否定了两人皆为仁者的事实。对于两位仁者而言，牺牲别人保全自我还是仁者吗？

所以这个问题实在难以回答。若是在当时的情景下，可以想象孔子会一时语塞，难以回答，然后便机警地岔开了话题，用一个模糊的、盖大帽子似的回答来应付宰我的这个刁钻之问：“何为其然也？君子可逝也，不可陷也；可欺也，不可罔也。”

其实，宰我的这个问题在当今仍具有十分重要的意义。每当发生大学生或是社会精英因救一个十分普通的人而殒身时，社会上都会引发一个“值与不值”的讨论。认为值的人是从精神层面出发；而认为不值的人，是从单纯利益角度出发。未料这个问题在三千多年前的时候早已有人提出，那时连圣人都是难以回答，那么，今人又有什么看法呢？宰我或许依旧在等着。

参考文献

［1］（汉）司马迁：《史记》，中华书局 1982 年版。

［2］（南朝）刘义庆撰，（南朝）刘孝标注：《世说新语》，上海古籍出版社 1982 年版。

［3］杨伯峻：《论语译注》，中华书局 2009 年版。

文学院第一届原创作品大赛获奖名单

一等奖：

陈　丹（2011 级汉语言文学）　王　敏（2011 级汉语言文学）
邬骊旦（2011 级汉语言文学）　黎少清（2011 级汉语言文学）
林超群（2011 级汉语言文学）　王珊珊（2011 级汉语言文学）
洪淑瑶（2012 级汉语言文学）　皇甫一秀（2012 级汉语言文学）

二等奖：

陈　怡（2010 级汉语言文学）　路　曼（2011 级汉语言文学）
张　婧（2011 级汉语言文学）　华　革（2011 级汉语言文学）
周　芸（2011 级汉语言文学）　郑　爽（2011 级汉语言文学）
杜　娜（2011 级汉语言文学）　王嘉馨（2011 级汉语言文学）
孙阳青（2011 级汉语言文学）　金昭颖（2011 级汉语言文学）
何婷婷（2011 级汉语言文学）　韩静如（2011 级汉语言文学）
丁　玲（2012 级汉语言文学）　沈　玮（2012 级汉语言文学）
陈　琳（2012 级汉语言文学）　尹翠玉（2012 级汉语言文学）
吴梦雪（2011 级对外汉语）　汪宗哲（2011 级对外汉语）
董　艳（2012 级对外汉语）　杨　墨（2012 级秘书学）

三等奖：

黄腊云（2010 级汉语言文学）　常　长（2011 级汉语言文学）
徐　俐（2011 级汉语言文学）　宋天娇（2011 级汉语言文学）
胡依灵（2011 级汉语言文学）　曹　洁（2011 级汉语言文学）
程韵蕾（2011 级汉语言文学）　林芳艺（2011 级汉语言文学）
赵彩玲（2011 级汉语言文学）　曾天保（2011 级汉语言文学）

张依新（2011 级汉语言文学）
蓝耀彬（2011 级汉语言文学）
高　芮（2012 级汉语言文学）
吴　耐（2012 级汉语言文学）
李茂清（2012 级汉语言文学）
贺明炯（2012 级汉语言文学）
张倩文（2012 级汉语言文学）
张方慧（2012 级汉语言文学）
王阳炀（2012 级汉语言文学）
王颖龙（2012 级汉语言文学）
汪翠翠（2012 级汉语言文学）
王玉娇（2012 级汉语言文学）
王金莲（2010 级对外汉语）
安雪梅（2012 级对外汉语）
周欣怡（2012 级对外汉语）

优秀奖：

陈　迷（2010 级汉语言文学）
陈　燕（2011 级汉语言文学）
李　杭（2011 级汉语言文学）
李　雪（2011 级汉语言文学）
施　媚（2011 级汉语言文学）
姜　波（2011 级汉语言文学）
伍　敏（2011 级汉语言文学）
袁　媛（2011 级汉语言文学）
何　涛（2011 级汉语言文学）
张　奥（2011 级汉语言文学）
叶　丽（2011 级汉语言文学）
陈　燕（2011 级汉语言文学）
冯　蕾（2011 级汉语言文学）
阚　婷（2011 级汉语言文学）
王　琳（2011 级汉语言文学）
李　婷（2011 级汉语言文学）
廖　薇（2011 级汉语言文学）
陈　霞（2011 级汉语言文学）
施　瑶（2012 级汉语言文学）
郭　静（2012 级汉语言文学）
梁　宁（2012 级汉语言文学）
潘　瑞（2012 级汉语言文学）
纪瑞瑞（2011 级汉语言文学）
张倩倩（2011 级汉语言文学）
张若静（2011 级汉语言文学）
刘西越（2011 级汉语言文学）
刘宝库（2011 级汉语言文学）
杨玉婵（2011 级汉语言文学）
王建鹏（2011 级汉语言文学）
戴媛媛（2011 级汉语言文学）
许翠翠（2011 级汉语言文学）
刘文竹（2011 级汉语言文学）
马文静（2011 级汉语言文学）
董燕妮（2011 级汉语言文学）
宋佳敏（2011 级汉语言文学）
雷倩倩（2011 级汉语言文学）
张倩倩（2011 级汉语言文学）
王思雅（2011 级汉语言文学）
李星星（2011 级汉语言文学）
刘赛君（2011 级汉语言文学）

刘云霞（2011 级汉语言文学）
李茹茹（2011 级汉语言文学）
完谨君（2011 级汉语言文学）
靳琳琳（2011 级汉语言文学）
唐汝娟（2011 级汉语言文学）
何丹阳（2011 级汉语言文学）
熊泳桦（2012 级汉语言文学）
陈蓓蓓（2012 级汉语言文学）
程文艳（2012 级汉语言文学）
何庆芳（2012 级汉语言文学）
章润发（2012 级汉语言文学）
李延静（2012 级汉语言文学）
刘怡君（2012 级汉语言文学）
杨婷玉（2012 级汉语言文学）
李万珺（2012 级汉语言文学）
范梦文（2012 级汉语言文学）
冯天天（2012 级汉语言文学）
张英姿（2012 级汉语言文学）
孙伟静（2012 级汉语言文学）
牛国艳（2012 级汉语言文学）
徐炜红（2012 级汉语言文学）
王丰毓（2012 级汉语言文学）
陈滟莹（2011 级对外汉语）
吴春燕（2011 级对外汉语）
张莹佳（2012 级对外汉语）
杨　波（2011 级对外汉语）
吴晓菲（2012 级对外汉语）
李庆晶（2012 级对外汉语）
刘绍君（2012 级对外汉语）
王楠楠（2012 级对外汉语）
谢蕊心（2012 级对外汉语）
徐亚丽（2012 级对外汉语）
李西军（2012 级对外汉语）
俞　华（2011 级秘书学）
石　筱（2011 级秘书学）
吴　燕（2012 级秘书学）